Historia de España
según CHAT GPT

© del texto: Ediciones Inconexas
© de esta edición: Ediciones Inconexas

Primera edición: Mayo de 2024

ISBN: 978-84-128966-0-2
Depósito legal: B-11229-2024

Autor del texto: Chat GPT
Diseño de cubierta: Chat GPT
Ilustraciones: Chat GPT
Maquetación: Àngel Daniel
Impresión y encuadernación: Printai

Ediciones Inconexas
Calle Marina 128, 1r 2ª, Barcelona 08013

Historia de España
según CHAT GPT

EDICIONES
INCONEXAS

Sumario

Prefacio

El libro que tienes en tus manos se revela no solo como una manera exquisitamente divertida de conjugar risas con el aprendizaje de la historia, sino también como una novedad mundial y un experimento sin precedentes. Por primera vez, una inteligencia artificial se encarga de narrar la historia de un país, fusionando ironía y humor en un cóctel sorprendentemente hilarante. Todos los textos que te sumergirán en esta aventura, así como las ilustraciones que los acompañan e incluso la portada, son fruto de la creatividad de Chat GPT.

Esta obra nos invita a un viaje temporal doblemente enriquecedor: un salto hacia atrás para redescubrir el pasado y, al mismo tiempo, un salto hacia adelante, hacia las posibilidades futuristas de la inteligencia artificial. *Historia de España según Chat GPT* se despliega ante nosotros como un tapiz vibrante de hechos históricos, anécdotas insólitas e interpretaciones atrevidas, ofreciendo una nueva luz sobre el rico legado español. Desde las huellas de los primeros habitantes hasta la era digital, esta obra no busca ser un texto académico de uso convencional, sino más bien una puerta abierta a la exploración de las figuras y los eventos que han tejido la compleja historia de España de una manera atractiva, divertida y profundamente sorprendente.

Paralelamente, el libro sirve de introducción a las increíbles capacidades de la inteligencia artificial, ofreciendo un punto de vista fresco y revolucionario sobre los eventos históricos, presentados con un lenguaje claro y ameno, llenos de ironía y buen humor. Esto permite que tanto los aficionados a la historia como los que se acercan por primera vez puedan disfrutar igualmente de la lectura. Desde las tácticas extravagantes de los íberos hasta las complejidades políticas del siglo xix, cada página es un tesoro de descubrimientos fascinantes que invitan a la sonrisa, a la reflexión y, quizás, a cuestionarse ideas preconcebidas.

Los aspectos más innovadores de esta obra incluyen una reinterpretación de los momentos históricos clave bajo un prisma humorístico, sin por ello menospreciar su valor informativo. Imagínate explorar la gestión de la burocracia visigótica o cómo los antiguos españoles podrían haber recibido las invasiones bárbaras con un ingenio inesperado. *Historia de España según Chat GPT* también se adentra en la cultura, la gastronomía y los cambios sociales con un estilo relajado y amable, fomentando la interacción y el interés del lector.

En resumen, este libro celebra la historia española desde una perspectiva insólita, entrelazando hechos, ficción y reflexiones profundas, mostrando un inmenso respeto y admiración por nuestra tierra y sus gentes. Es una invitación a despertar la curiosidad, provocar la reflexión y ofrecer una visión alternativa de nuestro pasado, siempre con un toque de humor y originalidad. Prepárense para una lectura que les hará reír, aprender y sin duda, sorprenderse. La visión única de la historia de España según Chat GPT les espera con los brazos abiertos.

PRIMERA PARTE
PREHISTORIA Y ANTIGÜEDAD

Atapuerca:
«*Contigo empezó todo*»

Ah, Atapuerca, ese lugar donde nuestros antepasados decidieron, por algún motivo que sólo a ellos les pareció razonable, establecer uno de los primeros *after party* de la prehistoria. Imagínate, hace unos cuantos cientos de miles de años, en un rincón de lo que hoy conocemos como España, un grupo de *Homo Heidelbergensis* (o quizás eran Neandertales, quién puede recordarlo, probablemente ellos tampoco podían) pensaron: "Este lugar parece lo suficientemente acogedor para quedarnos un rato... digamos, unos milenios".

Así que, en vez de optar por las playas de lo que sería la Costa del Sol o las futuras ciudades cosmopolitas, eligieron Atapuerca, probablemente por su encantadora decoración de estalactitas y el ocasional mamut pasando por el vecindario. Ah, y no olvidemos el atractivo principal: ¡la ausencia total de wifi! Nada mejor para una verdadera desconexión.

En este pintoresco lugar, nuestros ancestros se dedicaron a sus hobbies favoritos: la caza, la recolección, y, por supuesto, el arte rupestre, que era básicamente el Instagram de la era paleolítica.

—¿Has visto ya la nueva pintura en la cueva de Gorka[1]? Increíble cómo ha capturado la esencia del bisonte, #ArtGoals".

Atapuerca no solo era conocida por sus lujosas cuevas con vistas a montañas prehistóricas, sino también por ser un punto de encuentro cultural. Imagina las charlas nocturnas:

—¿Entonces, vienes del futuro Valle del Rin? ¡Qué exótico! Por aquí solo tenemos viejas historias sobre la última glaciación y algunos consejos sobre cómo no ser devorado por un león cavernario.

1   Nuestras más sinceras disculpas a los vascos, parece que ChatGPT considera que Gorka es un nombre prehistórico (N. del E.)

La vida en Atapuerca no estaba exenta de sus dramas. La competencia por el título de "Mejor Cazador del Paleolítico" era feroz. Los chismes corrían como la pólvora (bueno, si la pólvora hubiese sido inventada):

—Oye, ¿sabías que Ogg le robó la lanza a Ugg?

—No me digas, eso explica por qué Ugg estaba tan irritado durante la última cacería.

Pero lo que realmente pone a Atapuerca en el mapa no son solo sus increíbles fiestas en cuevas ni sus innovadoras herramientas de sílex, sino el hecho de que se convirtió en uno de los sitios arqueológicos más importantes del mundo. Sí, miles de años después, los científicos se toparon con esta antigua rave prehistórica y dijeron: "Wow, esto es oro puro (o huesos, para ser más precisos)".

Y así, Atapuerca pasó de ser un mero punto de encuentro para nuestros antepasados a convertirse en un lugar donde los arqueólogos modernos juegan a ser detectives de la prehistoria, desenterrando los secretos más guardados de la humanidad mientras probablemente se preguntan: "¿Qué fiesta me he perdido?".

En resumen, Atapuerca: un lugar donde la prehistoria se encuentra con el drama de la realidad, demostrando que, no importa cuánto tiempo pase, todos amamos un buen chisme y una cueva acogedora para llamarla hogar.

Los primeros habitantes de la península: «E si non é ibero...»

Los pueblos íberos, esos residentes *pre-influencers* de la Península Ibérica, no solo destacaban por su estilo de vida y habilidades artesanales antes de que fuese *cool*, sino también por su diversidad y complejidad cultural. La península era como el festival de música más popular de la antigüedad, con cada "tribu" aportando su propia "banda sonora" a la mezcla. Vamos a conocer a algunos de los *headliners* de este evento milenario:

✤ **Los Turdetanos: Los Gourmets de la Antigüedad**
  Ubicados en lo que hoy es Andalucía, los Turdetanos podrían considerarse los maestros culinarios de los pueblos íberos. Fueron herederos directos de la cultura tartésica y, al igual que un chef que insiste en usar solo ingredientes locales, desarrollaron una cultura rica y sofisticada que aún hoy podemos "degustar" a través de sus restos arqueológicos.

✤ **Los Contestanos: Los Social Media Influencers**
  Ocupando la costa este, en las actuales provincias de Alicante y Valencia, los Contestanos eran los reyes del *networking*. Con acceso al mar y una ubicación privilegiada, sabían cómo mantener relaciones tanto con los pueblos vecinos como con los visitantes del Mediterráneo. Seguro que si hubieran tenido Instagram, sus atardeceres serían los más *likeados*.

✤ *Los Bastetanos: Los Fashionistas*
Viviendo en la zona de Granada, Almería y parte de Jaén, los Bastetanos estaban a la última en tendencias de moda íbera. Su cerámica y metales trabajados nos hablan de un pueblo con un sentido estético desarrollado, siempre listos para impresionar en cualquier gala de la antigüedad.

✤ *Los Oretanos: Los Aventureros*
Habitando la zona central de la península, en las actuales provincias de Ciudad Real, Jaén y parte de Toledo, los Oretanos eran como los exploradores de su tiempo. Vivir en el interior les daba un espíritu robusto y aventurero, siempre listos para las expediciones o para defender sus tierras de intrusos.

✤ *Los Edetanos: Los Start-Uppers*
Situados alrededor de la actual Valencia, los Edetanos eran innovadores en agricultura y comercio. Con su capital en Tossal de Sant Miquel de Llíria, eran como los emprendedores del mundo íbero, siempre buscando nuevas formas de mejorar sus técnicas y expandir sus mercados.

✤ *Los Ilergetes: Los Estrategas*
Localizados en lo que hoy es parte de Cataluña y Aragón, los Ilergetes eran conocidos por su habilidad en la guerra y la estrategia. Liderados por figuras como **Indíbil** y **Mandonio**, sabían cómo jugar el juego del poder, aunque al final se encontraron en el lado perdedor contra Roma.

Cada uno de estos grupos aportaba su propia esencia al mosaico cultural de la Península Ibérica, como si cada tribu tuviera su propio feed de Instagram lleno de *selfies* con sus artesanías, platos típicos y paisajes naturales. Aunque no podamos darles un *follow* real, su legado sigue siendo un *like* enorme a la riqueza y diversidad de la historia humana.

Los primeros habitantes de la peninsula: «...é celtíbero»

En los rincones más remotos de la Península Ibérica, mucho antes de que los romanos comenzaran a repartir pizzas y lecciones de derecho, habitaban los misteriosos pueblos celtíberos. Estos individuos, mitad celtas, mitad íberos, eran como la combinación más extraña de una paella con *colcannon* irlandés: inesperada pero sorprendentemente deliciosa.

Los celtíberos eran el ejemplo perfecto de «haz lo que quieras, pero hazlo con estilo». Vivían en asentamientos fortificados conocidos como *oppida*, que eran básicamente el equivalente antiguo de esos edificios de apartamentos con seguridad las 24 horas y una piscina en la azotea. Y sí, suena genial, pero no pienses que la vida en un *oppidum* era todo diversión y juegos; aún tenías que lidiar con la incesante invasión de tribus vecinas y, peor aún, con las asambleas comunitarias interminables.

Lo más peculiar de los celtíberos era su amor por el bronce. «¿Acero? ¿Qué es eso? ¡Nosotros solo usamos bronce!», podías escucharlos decir, mientras forjaban espadas, adornos y utensilios para el hogar con el material. Algunos hasta se ponían capas de bronce para parecerse más a sus ídolos celtas.

Ahora, si piensas que los celtíberos eran todos guerra y nada de diversión, estás muy equivocado. Celebraban festivales extravagantes, conocidos como *toras*, que eran una mezcla de competencias deportivas, rituales religiosos y barbacoas gigantes. ¡Imagínate una versión antigua de los Juegos Olímpicos con música de gaitas y mucha más carne a la parrilla!

Pero, como todas las grandes fiestas, llega el momento en que la resaca se hace demasiado grande y tienes que lidiar con las consecuencias. Para los celtíberos, esto significaba enfrentarse a las temibles legiones romanas, que venían con su acero, sus leyes y su manía por etiquetarlo todo. Y así, con un suspiro colectivo y una última ronda de *toras*, los celtíberos se despidieron de su era de bronce y abrazaron el dominio romano.

La historia de los pueblos celtíberos es un recordatorio de que, incluso en los tiempos antiguos, la vida era una mezcla de guerra y diversión, bronce y acero, y que siempre había espacio para una buena fiesta entre batallas. Y, quién sabe, quizás sus festivales todavía se celebran en algún lugar, con los antiguos dioses mirando desde arriba y brindando con una jarra de hidromiel celestial. Vamos a conocerlos un poco mejor:

❦ *Los Arevacos:*
   Estos chicos eran como los vecinos ruidosos del barrio. Vivían en Numancia, famoso por ser más difícil de conquistar que convencer a un gato de bañarse. Cuando los romanos intentaron invadirlos, los **Arevacos** dijeron: «¡No pasarán!», y los romanos respondieron: «¡Pues intentaremos nuevamente mañana!». Fue una batalla épica de «te lo dije» que duró siglos.

❦ *Los Lusones:*
   Imagina a un grupo de guerreros celtíberos con bigotes estilo *Vikingos*, armados hasta los dientes y listos para la batalla.

Pero en lugar de cascos con cuernos, llevaban cascos con plumas de avestruz. Se dice que eran tan fieros que los romanos les dejaron en paz por el miedo a despeinarse.

❖ *Los Belli:*

Estos chicos eran los maestros del bronce. Forjaban espadas y armaduras con la misma facilidad que tú haces malabares con patatas calientes. Sus habilidades metalúrgicas eran tan legendarias que incluso los romanos querían aprender de ellos. «¿Cómo haces eso con solo dos yunques y una espátula de madera?», se preguntaban los legionarios romanos, asombrados.

Íberos y celtíberos, amigos para siempre

✤ *Los Titii:*
  Eran como el grupo excéntrico del vecindario. Nadie estaba realmente seguro de lo que estaban haciendo, pero siempre parecían estar un paso adelante en la moda y las tendencias. Se dice que decoraban sus casas con pintura corporal y que celebraban fiestas con música de gaitas hasta altas horas de la noche, dejando a los romanos rascándose la cabeza y preguntándose qué era todo ese alboroto.

✤ *Los Carpetanos:*
  Eran los jefazos de la meseta sur, con una actitud que decía: «Somos grandes, somos Carpetanos y no nos importa lo que piensen los demás». Vivían en casas redondas que confundían a los romanos, quienes estaban acostumbrados a rectángulos. Pero eso era lo que hacía que los Carpetanos fueran tan geniales: siempre pensando fuera del marco (o fuera del círculo, en este caso).

✤ *Los Vetones:*
  Los Vetones, uno de esos grupos que realmente sabían cómo sacarle partido al entorno de la Península Ibérica, eran un pueblo pre-romano cuya área de influencia se extendía principalmente por lo que hoy conocemos como las provincias de Ávila, Salamanca, parte de Toledo, Cáceres y Zamora. Podríamos considerarlos los *influencers* del interior de la península, con un estilo de vida y unas habilidades que les permitieron adaptarse y prosperar en su entorno.

El invitado sorpresa: Tartesos

Antes de que Silicon Valley fuera siquiera una centella en el ojo de la historia, existió Tartesos, un reino tan envuelto en misterio que hasta **Indiana Jo**nes se lo hubiera pensado dos veces antes de meterse allí. Ubicado en algún lugar entre Andalucía, Extremadura y parte del Algarve, Tartesos era el equivalente antiguo a una *startup* disruptiva: mezclaba metales con comercio y, por supuesto, un poco de misticismo para mantener las cosas interesantes.

✤ *El Pitch Inicial*

Imaginemos a los tartesios haciendo su *pitch* a los fenicios, los *Venture Capitalists* de la antigüedad:

—Tenemos esta idea fabulosa de un reino donde el metal no solo se encuentra, sino que literalmente te tropiezas con él. ¿Interesados? Tenemos prototipos de joyas y podemos prometer entregas regulares de plata a vuestros puertos.

Los fenicios, siempre atentos a una buena oportunidad, compraron la idea y así comenzó la primera ronda de financiación de Tartesos.

✤ El Boom del Metal

Tartesos se convirtió en el lugar de moda casi de la noche a la mañana. Era el sitio al que ibas si querías encontrar metal. Plata, oro, bronce... tú lo pides, ellos lo tenían. De hecho, se dice que la plata era tan abundante que la usaban para decorar los Starbucks locales.

¿Fue Tartesos el origen del mito de la Atlántida, como algunos creen?

✤ La Cultura Startup

Como toda buena *startup*, Tartesos no era solo su producto; era su cultura. Construyeron infraestructuras, desarrollaron una escritura que nadie más podía leer (el primer *software* propietario, por así decirlo) y, probablemente, tenían una mesa de ping-pong en algún lugar. Se dice que el rey **Argantonio** vivió hasta los 120 años, lo que claramente indica que tenían un excelente programa de bienestar laboral.

Todo iba bien en Tartesos hasta que, como muchas *start-ups*, se encontraron con la necesidad de reinventarse. En su caso, el giro fue menos una elección estratégica y más una imposición de la competencia creciente y los cambios en el mercado (y posiblemente algún que otro desacuerdo con sus inversores fenicios). Un día estaban allí, y al siguiente, ¡*puf!*, desaparecidos, dejando tras de sí un montón de joyas fabulosas y un montón de historiadores confundidos.

❖ El Legado

Tartesos es como aquella *startup* legendaria sobre la que todos han oído hablar pero nadie puede encontrar en LinkedIn. Dejaron atrás un legado de riqueza, misterio y la eterna pregunta de «¿Qué hubiera pasado si?». En cierto modo, Tartesos es el unicornio perdido del Mediterráneo Occidental, aquel que todos quieren encontrar, estudiar y, por supuesto, financiar.

En resumen, Tartesos fue el sueño de todo arqueólogo y la pesadilla de todo historiador: brillante, breve y absolutamente esquivo. Un recordatorio de que, en el mundo de las *startups* antiguas, lo único más difícil que llegar a la cima es asegurarse de que alguien recuerde dónde estabas aparcado.

Cómo Roma hizo match *con Hispania: Una historia de conquista con un toque de humor*

Allá por el 218 a.C., en un episodio que bien podría haber sido titulado *Los romanos buscan conquista*, Roma decidió deslizar hacia la derecha en el perfil de Hispania. Atraídos por sus encantos naturales, sus ricas minas de plata, y quizás por algunos *selfies* seductores de la Península Ibérica en Tinder, decidieron que era hora de expandir sus horizontes amorosos... digo, territoriales.

❖ **El Primer Encuentro: Amor a Primera Vista**
El primer encuentro no fue exactamente lo que se dice un camino de rosas. Los íberos, celtíberos y otros grupos locales no estaban muy entusiasmados con estos pretendientes extranjeros, especialmente porque tendían a mostrar su afecto mediante asedios y batallas. Pero Roma, fiel a su perfil de «conquistador incansable» en las apps de citas de la antigüedad, no se dio por vencida fácilmente.

❖ **La Táctica del Ghosting Romano**
Roma empleó lo que podemos llamar la táctica del *ghosting*. Primero, hacían acto de presencia, conquistaban un lugar y luego, aparentemente se desinteresaban, dejando a las ciudades

recién conquistadas preguntándose, «¿Nos llamarán? ¿Nos enviarán una carta?». Pero justo cuando todos pensaban que Roma había perdido interés, *¡bam!*, volvían a aparecer, esta vez con más legiones.

✤ La Relación Se Complica

Como en toda relación complicada, hubo idas y venidas. Hubo momentos de pasión intensa (batallas campales, asedios apasionados) y momentos de distanciamiento (tratados de paz temporales, acuerdos que se rompían tan rápido como se hacían). Hispania era el tipo de conquista que te hace trabajar duro por su amor, y Roma estaba dispuesta a invertir todo el tiempo (y legiones) necesario.

✤ El «Es Complicado» se vuelve «En una Relación»

Después de casi dos siglos de relación intermitente, Roma finalmente cambió su estado con Hispania a «En una relación». Fue un proceso largo y arduo, con muchos altibajos, pero finalmente Hispania se convirtió en una provincia más del Imperio Romano, demostrando que, a veces, el verdadero amor (o la ambición implacable) lo conquista todo.

✤ Viviendo felices para siempre... más o menos

Como en cualquier buena comedia romántica, después de mucho drama, la relación se estabilizó. Hispania y Roma disfrutaron de varios siglos de coexistencia relativamente pacífica, salpicados, por supuesto, con el ocasional drama doméstico. Hispania adoptó muchas de las costumbres romanas, desde los baños públicos hasta el latín, y aunque la relación tuvo sus desafíos, juntos vivieron más o menos felices para siempre.

QUÉ PAÍS, QUÉ PAISAJE... ¡QUÉ PAISANAJE!

Numancia: «Antes partía que doblá»

Ah, Numancia, esa joyita de la resistencia española que puso en jaque a los romanos, esos tipos que construyeron un imperio básicamente porque no había nada más interesante que hacer en aquel entonces. La historia de Numancia es como la de aquel amigo que, en una fiesta, decide que no va a irse a casa hasta que no salga el sol, aunque el anfitrión ya esté en pijama y bostezando.

Imaginemos a Numancia como esa pequeña aldea del cómic de Astérix, solo que sin pócimas mágicas y con una ubicación más ibérica. Estamos en el siglo II a.C., una época en la que Roma estaba expandiéndose más que una franquicia de comida rápida, anexionando todo lo que veían sus ojos conquistadores.

Los numantinos, por su parte, no estaban precisamente emocionados con la idea de convertirse en otra estrella en la bandera romana. Así que, como buenos underdogs[1], decidieron plantar cara. Y vaya si lo hicieron. Se atrincheraron en su ciudad, situada en lo que hoy es la provincia de Soria, y prepararon palomitas de maíz para ver cómo los romanos intentaban una y otra vez tomar la ciudad.

Los romanos, que no estaban acostumbrados a que les dijeran que no, se llevaron un buen chasco con Numancia. Mandaron a uno, dos, ¡hasta diez generales! Pero los numantinos, con un «ni hablar» bien firme, resistieron todos los asedios. Era como intentar derribar una puerta con un algodón: inútil y frustrante.

---

[1] En términos deportivos sería el equipo sorpresa, los no favoritos (N. del E.)

Finalmente, Roma se cansó de jugar al gato y al ratón y llamó a **Escipión Emiliano**, *también conocido como «El Africano menor» (porque claro, tener un «mayor" y un «menor» en los nombres era el equivalente antiguo a iPhone X y iPhone XS).* **Escipión** *decidió que, si no podía ganarles en campo abierto, simplemente los aislaría del mundo, construyendo un muro alrededor de la ciudad. Sí, un muro. Parece que esta idea tiene más años de los que pensábamos.*

Tras un año de asedio, en el 133 a.C., los numantinos, que ya habían agotado todas las recetas posibles con las hierbas que crecían entre las piedras, decidieron que preferían morir antes que rendirse. Así que quemaron su ciudad y eligieron un final trágicamente heroico, demostrando que la dignidad y la libertad eran más importantes que un simple deseo de supervivencia.

Los numantinos hicieron un "upgrade" al concepto "resistencia"

Y así termina la historia de Numancia, el **David** *ibérico contra el* **Goliat** *romano. Un episodio de valentía, terquedad y, por qué no decirlo, de una resistencia un poco quijotesca que demostró que, a veces, el tamaño del corazón importa más que el tamaño del ejército. Bueno, eso y que a los romanos no les gustaba nada que les arruinaran sus planes de expansión.*

Las Guerras Púnicas en España: cuando Roma y Cartago se citaban en el ring ibérico

En un rincón del Mediterráneo, mucho antes de que las citas *online* se convirtieran en el método preferido para encontrar el amor (o la guerra), dos superpotencias decidieron deslizar a la derecha en el mismo perfil: Hispania. Así comenzó el episodio más dramático del antiguo *reality show*, *Las Guerras Púnicas: Batalla por Hispania*.

❖ **Round 1: Cartago entra en escena**
Cartago, ese veterano de los mares con un sentido del estilo que incluía elefantes en sus desfiles militares (porque, ¿quién necesita caballos cuando puedes tener elefantes?), decidió que Hispania era el lugar perfecto para expandir su influencia. «¿Veis estas minas de plata? Son mías», declararon, inaugurando lo que podemos llamar la fase *Cartago's Got Talet"*.

❖ **Round 2: Roma se une a la fiesta**
Roma, no queriendo quedarse atrás en el juego del imperio, miró hacia el oeste y pensó: «Eso parece divertido». Así que,

decidieron unirse a la fiesta en Hispania, pero no trajeron elefantes. En lugar de ello, trajeron legiones, que son como tus amigos que saben arreglar cosas, pero en vez de fijar tu WiFi, conquistan territorios.

❖ *Round 3: La batalla de las citas canceladas*
Las guerras púnicas fueron básicamente una serie de citas canceladas entre Roma y Cartago. «Nos vemos en Sagunto», decía Cartago. «Lo siento, me surgió un compromiso», respondía Roma, antes de aparecer de todos modos y comenzar una pelea. Esto continuó en diferentes lugares de Hispania, donde ambos lados intentaban impresionar al local Hispania con sus tácticas de conquista y sus promesas de civilización.

Los elefantes fueron como los Panzers de la antigüedad

❖ *Round 4: La competencia de popularidad*

Cartago tenía a **Aníbal,** el chico malo del Mediterráneo, que cruzó los Alpes con elefantes, lo cual era básicamente la versión antigua de llevar una guitarra a la fiesta para llamar la atención. Roma, por otro lado, tenía a **Escipión el Africano,** que decidió que la mejor manera de ganar esta competencia de popularidad era ir directamente a la base de operaciones de **Aníbal** en África. "Si no puedes ganarles, sorpréndelos donde menos lo esperan", era su lema.

❖ *Epílogo: "Es Complicado" se convierte en "Es Historia"*

Al final, como en toda relación complicada, hubo un ganador claro en este tumultuoso romance. Roma se llevó a Hispania a casa, mientras Cartago tuvo que conformarse con el trofeo de participación y unas cuantas restricciones territoriales. Hispania, por su parte, se encontró en medio de un imperio en crecimiento, aprendiendo nuevos trucos como el latín, el derecho romano y como hacer realmente buenos acueductos.

❖ *En resumen*

Las Guerras Púnicas en España fueron el drama antiguo definitivo, completo con tácticas de conquista, batallas épicas y giros inesperados de la trama. Y aunque puede que no haya sido divertido para los involucrados en ese momento, desde la seguridad de nuestro siglo, podemos apreciar el drama, la estrategia y, por supuesto, los elefantes. Porque, al final del día, ¿quién no ama una buena historia con elefantes?

Las primeras invasiones germánicas

En los albores del primer milenio, mientras el Imperio Romano estaba demasiado ocupado desfilando en togas y organizando bacanales para darse cuenta, un grupo de tribus con un innato sentido de la aventura (y, aparentemente, un desprecio total por el clima cálido) se lanzaron a la conquista de la Península Ibérica. Estos eran los pueblos germánicos, o como me gusta llamarlos, los *influencers* originales de Europa.

❖ **Los Suevos: Los Primeros Bloggers de Viajes**

Los suevos, al darse cuenta de que el norte de Europa estaba sobrevalorado y que no había suficientes *hashtags* para capturar su esencia, decidieron emprender un viaje al noroeste de la Península Ibérica. Con una filosofía de "conquistar y *chill*", establecieron uno de los primeros reinos germanos en la región, allanando el camino para los futuros *influencers* digitales. Su legado más duradero, aparte de confundir a generaciones de estudiantes de historia con su ubicación, fue introducir el concepto de "*sueve*" como sinónimo de "vagamente nórdico y *trendy*".

LAS PRIMERAS INVASIONES GERMÁNICAS

✤ *Los Vándalos: Los Originales Punk Rockers*
Luego vinieron los vándalos, los rebeldes del mundo antiguo, que tomaron la filosofía de "vivir rápido, morir joven y dejar una pila de ruinas humeantes" muy en serio. Después de una breve estadía en Hispania, donde básicamente hicieron honor a su nombre (dando lugar al término *vandalismo*), decidieron que África del Norte parecía un lugar mucho más atractivo para establecer un reino de *rock punk* en el siglo v. Su influencia en la moda incluye el uso liberal de cuero, la cresta mohicana y, por supuesto, una actitud de "me importa un bledo".

✤ *Los Visigodos: Los Hipsters de la Antigüedad*
Finalmente, tenemos a los visigodos, los verdaderos *hipsters* de la era germánica. No contentos con seguir la corriente, decidieron que conquistar Roma era demasiado *mainstream* y optaron por tomar el control de toda la Península Ibérica. Con un sentido del estilo que mezclaba la robustez germánica con un toque de sofisticación romana (piensa en armaduras hechas a medida y espadas de diseño), los visigodos introdujeron conceptos como la monarquía electiva, demostrando que ser alternativo y gobernar vastos territorios no son mutuamente excluyentes.

✤ *En conclusión: Influencers antes de Instagram*
En retrospectiva, los pueblos germánicos que invadieron la Península Ibérica fueron los verdaderos pioneros del cambio de imagen. A través de sus invasiones, no solo rediseñaron el mapa político y cultural de la región, sino que también introdujeron tendencias que perdurarían a lo largo de los siglos. Así que, la próxima vez que pienses en *influencers*, recuerda que estos muchachos estaban cambiando el juego mucho antes de que Internet fuera una cosa. Y lo hacían con estilo, una espada en una mano y un manual de conquista en la otra.

Los reyes godos

En los oscuros y polvorientos anales de la historia, allá por el siglo III, las tribus godas, hartas de los precios escandalosos del alquiler en Escandinavia, decidieron hacer las maletas y emprender un viaje hacia el sur, con la promesa de sol, sangría y tierras por conquistar. Se dividieron en dos bandas rivales: los **visigodos** y los **ostrogodos**, porque, evidentemente, una sola denominación era demasiado mainstream para ellos.

Los **visigodos**, una especie de banda de motoristas antiguos sin las motos pero con espadas muy afiladas, decidieron que la Península Ibérica parecía un lugar fantástico para unas largas vacaciones... digo, una invasión. Así, tras una breve parada en el Imperio Romano para saquear Roma en el 410 (solo para ver si podían hacerlo), hicieron de España su hogar dulce hogar en el siglo V. Los romanos, agobiados por sus propios *reality shows* y dramas internos, decidieron que compartir espacio no era tan mala idea después de todo.

Mientras tanto, los ostrogodos, que se sentían un poco dejados de lado, decidieron irse más al este y establecerse en Italia, probablemente atraídos por las posibilidades de diseñar su propia línea de togas y sandalias. Allí, bajo el liderazgo de **Teodorico el Grande**, hicieron algo más que simplemente ocupar;

básicamente administraron un imperio en alquiler, manteniendo la infraestructura romana y asegurándose de que los trenes (o, en este caso, los carros) llegaran a tiempo.

De vuelta en España, los **visigodos** se lanzaron a un emocionante experimento de fusión cultural, mezclando sus propias costumbres con las de los habitantes locales. Esto incluía todo, desde adoptar el cristianismo (aunque con su propio giro arriano, porque ser completamente ortodoxo era demasiado predecible) hasta intentar reavivar el latín con un acento gótico, lo que probablemente sonaba tan extraño como lo imaginas.

Gundemaro el party-animal

Durante varios siglos, los visigodos gobernaron España, introduciendo innovaciones tales como el primer sistema de quejas de clientes mediante el uso de espadas y el establecimiento de leyes que eran, en su mayor parte, sugerencias realmente fuertes. Sin embargo, como toda buena serie de televisión, el reinado visigodo tuvo que llegar a su fin, y en el siglo VIII, los musulmanes del norte de África pensaron que España también parecía un lugar estupendo para unas vacaciones extendidas.

Así termina nuestra breve incursión en la historia de las tribus godas en España, una historia de aventuras, fusiones culturales y, sobre todo, mucha ironía y un sentido del humor que solo milenios de retrospectiva pueden proporcionar.

QUÉ PAÍS, QUÉ PAISAJE... ¡QUÉ PAISANAJE!

La lista de los reyes godos

1. *Chindasvinto el Madrugador*: Conocido por su lema «Al reino que madruga, Thor le ayuda». Lamentablemente, sus súbditos no compartían su entusiasmo por las reuniones al amanecer.

2. *Tulga el Olvidadizo*: Inventor del juego «¿Dónde está mi cetro?» Fue tan popular que a veces incluso olvidaba asistir a sus propias reuniones de consejo.

3. *Suintila el Bailarín*: Intentó reemplazar todas las batallas por concursos de baile. Su famoso *Moonwalk* con armadura casi lo convierte en una leyenda... casi.

4. *Egica el Paranoico*: Famoso por construir un castillo con habitaciones secretas solo para esconderse de sus propios consejeros.

5. *Atanagildo el Influencer*: Pionero en el arte de influenciar, si tal cosa hubiera existido. Conocido por promocionar la moda del bigote godo en todas las cortes europeas.

6. *Ardón el Hipocondríaco*: Pasó la mitad de su reinado buscando curas para enfermedades que no tenía. La otra mitad, inventándolas.

7. *Gundemaro el Party Animal*: Quiso convertir el palacio real en el primer club nocturno godo. Su idea de noche tranquila incluía trompetas y tambores hasta el amanecer.

8. *Ervigio el Vegetariano*: Quería que todo el reino adoptara una dieta vegetariana, pero en tiempos de caza y banquetes, no tuvo mucho éxito.

9. *Sisebuto el Instagramer*: Siempre estaba buscando el ángulo perfecto para sus pinturas rupestres, deseando que algún día inventaran Instagram.

10. *Recaredo II el Breve*: Su reinado fue tan corto que cuando volvieron con su café, ya había acabado.

La conquista árabe de España

La conquista árabe de España, también conocida como la invasión musulmana de la Península Ibérica, comenzó en el año 711 cuando un ejército liderado por **Tariq ibn Ziyad** cruzó el Estrecho de Gibraltar. Este acontecimiento marcó el inicio de un período de casi ocho siglos de presencia musulmana en España, conocido como Al-Ándalus.

Los visigodos, que reinaban en España en aquel entonces, estaban debilitados por conflictos internos y luchas por el poder. **Roderico**, el último rey visigodo, enfrentó a las fuerzas de **Tariq** en la batalla de Guadalete, donde, pese a la feroz resistencia, los visigodos fueron derrotados. Esta derrota marcó el declive del reino visigodo y abrió camino para que los musulmanes avanzaran a través de la Península Ibérica.

Bajo el nuevo *management*, España se convirtió en el Silicon Valley de la Edad Media. Los árabes introdujeron el concepto de las «*start-ups* de acequias», revolucionando el sistema de riego y, por tanto, el mundo de la agricultura. También abrieron el primer spa de baños árabes, donde el vapor y el chismorreo se mezclaban en igual medida, convirtiéndose en el punto de encuentro favorito para relajarse y actualizar el *feed* de noticias sociales.

La convivencia cultural dio lugar a situaciones cómicas cotidianas. Imagina intentar explicar el concepto de tapas a alguien que nunca ha salido del desierto: «Entonces, ¿me estás diciendo que me cobras por mini porciones de comida y lo llamas 'cultura'? Genial, ¡toma todo mi dinero!». Y así, los árabes, sin querer, inventaron el primer *food tour*.

Las tropas de Tariq, en el momento de cruzar el estrecho

Con el tiempo, esta fusión cultural creó una España única, con arquitectura de ensueño, una gastronomía para chuparse los dedos y un sentido del humor que trasciende siglos. Y mientras la historia de la conquista árabe de España nos enseña muchas cosas, quizás la lección más importante sea que, sin importar cuán diferentes parezcamos, al final, todos podemos unirnos en nuestra mutua apreciación por una buena siesta y unas tapas. ¡Salud por esa mezcla loca de culturas!

El emirato y el califato de Córdoba

En 756, **Abderramán I**, un miembro superviviente de la familia omeya, escapó de las purgas del califato abasí en Oriente Medio y estableció en Córdoba un emirato independiente. Bajo su liderazgo y el de sus sucesores, Al-Ándalus experimentó un considerable crecimiento económico, cultural y científico. El período alcanzó su apogeo durante el califato de **Abd al-Rahman III**, quien se proclamó califa en 929, reforzando la independencia de Al-Ándalus respecto al califato abasí en Bagdad.

El gran proyecto de **Abderramán II** fue, sin duda, la Mezquita de Córdoba. Según cuentan las leyendas, la idea surgió una noche en la que, al no poder dormir, empezó a dibujar en un papel. Por la mañana, se encontró con el diseño de lo que sería una de las joyas arquitectónicas del mundo. La mezquita tenía tantos arcos y columnas que, durante años, fue el lugar preferido para jugar al escondite.

Luego vino **Al-Hakam II**, un emir que amaba los libros más que a su colección de alfombras voladoras. Decidió que lo que realmente necesitaba Córdoba era una biblioteca más grande que su ego. La biblioteca de **Al-Hakam** se convirtió en el Google de la Edad Media, donde todo el mundo iba a *googlear* desde cómo trasplantar un bonsái hasta la receta del mejor gazpacho.

Retrato de Abd al-Rahman III, el guapo

No podemos olvidarnos de los problemas de vecindad con los reinos cristianos del norte. Pero en vez de peleas constantes, decidieron que lo mejor sería organizar competiciones anuales de poesía y ajedrez. El ganador se llevaba una cesta de frutas y el título honorífico de «El más guay del barrio».

En resumen, el Emirato de Córdoba fue un experimento de cómo llevar la vida con estilo, sofisticación y un toque de humor. Fue un lugar donde la ciencia, la cultura y el arte florecieron, todo ello aderezado con un sentido del humor que hacía que incluso las reuniones más tediosas sobre administración territorial terminaran en concursos de quién hacía el mejor dulce de almendra. Y así, queridos amigos, recordamos al Emirato de Córdoba: no solo como un centro de poder y sabiduría, sino como el hogar de la primera fiesta medieval de la historia que realmente merecía la pena.

Los reinos de taifas: «Cada loco con su tema»

¡Ah, los Reinos de Taifas! Esa gloriosa época post-califal en España donde cada gobernador decidía que era lo suficientemente *guay* como para tener su propio reino. Imagina un grupo de adolescentes rebeldes diciendo «¡No me mandas, Califato de Córdoba!» y tomando sus propios pedazos de tierra como si fueran la última porción de pizza.

Entonces, en el siglo xi, cuando el supermercado del Califato se quedó sin *stock* (porque, vaya, se desintegró), estas «taifas» aparecieron como setas después de la lluvia. Había un Reino de Taifa para todos los gustos: el de Zaragoza para los amantes de la poesía, el de Sevilla para los fans de las naranjas, y el de Badajoz para aquellos que no podían decidirse entre Portugal y España.

Estos mini-reinos eran como esos proyectos de bricolaje que comienzas con entusiasmo, pero a mitad de camino te das cuenta de que tal vez no fue la mejor idea. Se pasaban el día luchando entre ellos, aliándose y traicionándose en lo que podríamos llamar *El juego de los tronos medievales: Edición Ibérica*. Y como en cualquier buena telenovela, siempre había alguien dispuesto a pagar por protección contra los otros, principalmente a esos mercenarios llamados los almorávides y después a los almohades, que venían del sur y que al final se quedaron con todo el cotarro.

Los reyes de las taifas eran como los *influencers* de su tiempo, mostrando su riqueza y cultura. Se construían palacios increíbles, se patrocinaban poetas y filósofos, y celebraban fiestas que harían palidecer a cualquier festival moderno. Era un espectáculo de «a ver quién lo hace más grande y lujoso» y, por supuesto, todo el mundo estaba invitado... hasta que llegaba la factura.

Ya en aquel momento, Al-Andalus era un verdadero puzzle

Lo curioso es que, a pesar de su competencia, los reinos de taifas dejaron una herencia cultural rica e impresionante. Porque, al final del día, ¿qué es un poco de anarquía política en comparación con contribuir a la historia con algunas de las mejores obras de arte, arquitectura y poesía que el mundo ha visto? Así que, aunque estos pequeños reinos no ganaron el premio a la estabilidad política, definitivamente se llevaron el de «Mejor Aportación a la Cultura Andalusí» y «Peor Estrategia de Juego de Tronos». Y así es cómo la historia nos enseña que, a veces, en el caos más absoluto, es donde nacen las mejores historias de Instagram... Digo, de la historia.

«La Reconquista»:
Primera temporada

La Reconquista es como ese interminable juego de «recupera la bandera» que jugaron los reinos cristianos y los musulmanes en la Península Ibérica por unos... ¿700 años? Sí, desde el 718 hasta 1492, un maratón histórico que incluso haría sudar a los participantes de *Supervivientes*.

La primera temporada de la serie empieza con un pequeño club de resistencia en las montañas de Asturias, donde unos pocos cristianos dijeron «¡eh, que yo aquí estaba primero!» y decidieron que no les gustaba compartir tanto. Imagínate que la península era una especie de piso compartido donde los musulmanes pusieron las reglas durante unos siglos, pero los cristianos querían recuperar su fianza.

Así, poco a poco, como quien no quiere la cosa, los cristianos empiezan a reconquistar terreno, metro a metro, castillo a castillo, con la paciencia de quien hace cola en la oficina de correos un lunes por la mañana.

Los musulmanes, mientras tanto, estaban ocupados poniendo patas arriba la cultura, la ciencia y la agricultura, y de vez en cuando miraban hacia el norte y decían: «Oye, ¿no teníamos más tierras ayer?». Pero entre que estaban divididos en los famosos reinos de Taifas y que algunos de ellos tenían una política de puertas giratorias, no se ponían muy de acuerdo para echar el pestillo.

Mientras, los reinos cristianos se pasaban las tardes haciendo alianzas en plan «¿Tú y yo qué somos?», y luego se liaban a casarse entre ellos para tener excusa de conquistar más y optar a que la serie tuviera más temporadas.

El Sporting de Covadonga, con su capitán Don Pelayo al frente, preparado para dar el saque inicial a la Reconquista

«La Reconquista» Temporadas 2 ,3 y 4: Los siglos IX, X y XI

Temporada 2: El Gran Estreno

La segunda temporada arranca con un reparto dividido entre musulmanes al sur y cristianos apretujados en el norte, mirando hacia el sur con ojos de «quiero eso y lo quiero ahora». Asturias, liderada por el *influencer* de la época, **Alfonso III**, conocido en las

redes como *@ElMagno* (porque todo lo hacía a lo grande), decide que es hora de ampliar el plató hacia el oeste, creando lo que eventualmente sería conocido como el reino de León. *Spoiler*: no todo son rosas en el reino de León, pero las intrigas palaciegas dan para dos *spin-offs* y una película.

Temporada 3: Nuevos Personajes y Giros Inesperados

La temporada 3 transcurre en el siglo X e introduce nuevos personajes: los condes de Castilla, que básicamente eran los vecinos ruidosos de León. **Fernando I de León** decide que compartir muro no es suficiente y opta por unificar León y Castilla mediante el clásico método de matrimonio, que es básicamente el Tinder medieval de fusionar reinos. Este giro de guion no solo añade drama, sino que también pone las bases para una serie de conflictos internos que serán oro puro para los guionistas.

Temporada 4: *Crossovers* y Expansión de Franquicia

La cuarta y última temporada ve cómo Navarra, hasta entonces el tranquilo vecino del norte, entra en acción. **Sancho III**, también conocido como el Mayor (porque en esos tiempos el tamaño sí importaba), decide que quiere un pedazo del pastel y se expande hacia Aragón y León, creando una especie de *crossover* medieval que haría palidecer a cualquier universo cinematográfico moderno.

Mientras tanto, el **conde de Barcelona**, mirando hacia el norte y el sur, decide que también quiere entrar en la acción y comienza su propia *spin-off* en Cataluña, con promesas de ser la mejor temporada hasta la fecha *(spoiler*: dura varios siglos).

Crítica y Recepción

La crítica especializada aplaude la representación de la expansión de los reinos cristianos como una mezcla de estrategia, drama familiar y un sorprendente sentido de la orientación. Los fans, por su parte, no pueden dejar de hablar de los icónicos personajes, las batallas épicas y, por supuesto, los memes que surgieron de las situaciones más inesperadas.

QUÉ PAÍS, QUÉ PAISAJE... ¡QUÉ PAISANAJE!

«Qué buen vasallo, si tuviera buen señor»: El Cid Campeador

En una tierra de héroes, batallas y conquistas, donde la valentía se medía por la fuerza de la espada y la nobleza del linaje, vivía un caballero llamado **Rodrigo Díaz de Vivar**, *mejor conocido por su apodo «El Cid Campeador». Pero esta no es la típica historia de hazañas y gloria que esperarías. No, esta es la crónica de cómo el Cid, en su búsqueda por la fama eterna, se convirtió en el héroe accidental de la península ibérica, más por obra del destino que por sus propios esfuerzos.*

Nuestro héroe, cuyo nombre significa «El Señor» en árabe y «El Campeador» (batallador) en castellano, había decidido que esos títulos solo podían significar una cosa: estaba destinado a ser un influencer de su época, un visionario del marketing personal antes incluso de que tales conceptos existieran. Así, el Cid emprendió su campaña no solo en el campo de batalla, sino también en el ámbito de la construcción de su marca personal.

La historia comienza con el Cid siendo injustamente exiliado por el rey **Alfonso VI**, *aparentemente por un malentendido involucrando la desaparición de unas valiosas joyas de la corona, que el Cid juró por su espada que había ido a parar a las manos equi-*

El Cid trajo la receta de
la paella a los valencianos

vocadas (principalmente porque había olvidado dónde las puso). Lejos de desanimarse, vio este exilio como una oportunidad de oro para una gira de relaciones públicas por toda la península.

Acompañado por su fiel pero ocasionalmente olvidadizo caballo **Babieca**, *y su espada* **Tizona** *que juraba había sido forjada en los fuegos de algún lugar impresionantemente épico (aunque, en realidad, la había adquirido en una feria de pueblo tras regatear bastante), el Cid partió. A lo largo de su tour, el Cid «accidentalmente» tropezaba con batallas, las cuales ganaba más por la confusión que causaba entre sus enemigos que por su habilidad militar. Los adversarios, a menudo distraídos por las extravagantes historias de origen que el Cid inventaba sobre la marcha, eran derrotados mientras intentaban descifrar si realmente estaban luchando contra una leyenda viviente o simplemente un tipo muy afortunado con una espada decente.*

Uno de sus momentos más irónicos ocurrió durante el asedio a Valencia. En un intento de inspirar a sus hombres, el Cid decidió lanzar un discurso desde lo alto de las murallas de la ciudad. Sin embargo, en lugar de un épico monólogo, accidentalmente comenzó a recitar una receta de paella que había aprendido, confundiendo tanto a sus hombres como a los sitiadores. La batalla se detuvo momentáneamente mientras ambos bandos intentaban comprender si se trataba de un código secreto o simplemente hambre. Al final, el asedio se levantó porque todos se pusieron de acuerdo en que realmente podrían ir por algo de comer.

Al final de sus días, la leyenda del Cid había crecido tanto que incluso sus enemigos contaban historias sobre su astucia, su valentía y, lo más importante, su increíble suerte. Se decía que incluso en la muerte, montó a **Babieca** *y lideró una última carga, aunque probablemente solo estuviera tratando de encontrar el camino de regreso a casa y tomó un desvío equivocado.*

La fundación de la Corona de Aragón

La historia de la creación de la Corona de Aragón es una saga de ambición, matrimonios estratégicos y astucia política, que parece sacada directamente de una partida de ajedrez en la que los reyes, reinas, alfiles y caballos fueron reemplazados por reales protagonistas de la historia medieval de la península Ibérica.

Todo comenzó en el siglo XII, una época en la que el concepto de *corona* era más fluido y menos relacionado con los sombreros caros que llevan las cabezas reales hoy en día. En aquel entonces, los territorios de lo que hoy conocemos como España estaban divididos en varios reinos y condados, cada uno con sus propios líderes y agendas.

❖ *El Match del Milenio: Petronila de Aragón y Ramón Berenguer IV de Barcelona*

En el corazón de la creación de la Corona de Aragón está una historia de amor... o al menos, una unión matrimonial muy conveniente. **Petronila**, una infanta aragonesa que llegó al mundo en 1136, fue comprometida a la tierna edad de un año (sí, has leído bien) con **Ramón Berenguer IV**, el

Conde de Barcelona, que era un poco más mayor que ella (23). Este no fue un acto impulsado por **Cupido**, sino más bien un movimiento estratégico diseñado por el padre de **Petronila, Ramiro II de Aragón**, también conocido como «El Monje». **Ramiro**, que prefirió los hábitos religiosos antes que el trono, vio en este matrimonio la oportunidad de asegurar la continuidad y expansión de su linaje y reino.

✤ *La Fusión de Dos Dinastías*

Cuando **Petronila** y **Ramón Berenguer IV** finalmente se casaron (con ella ya en una edad más razonable para contraer matrimonio), los dos territorios se unieron bajo una misma bandera. Esto no significó que Aragón se comiera a Barcelona o viceversa; más bien, funcionaron como dos entidades separadas unidas por lazos dinásticos. Al heredar **Alfonso El Casto**, hijo de ambos, todos sus títulos se produjo el nacimiento de la Corona de Aragón, una unión personal que, con el tiempo, se consolidaría como una de las potencias mediterráneas más importantes de la Edad Media.

✤ *Un Imperio Mediterráneo*

Bajo la Corona de Aragón, este conglomerado de territorios no se limitó a expandirse por la península Ibérica. Oh, no. Ellos tenían ambiciones más grandes. A lo largo de los siglos siguientes, la Corona se embarcó en aventuras que llevaron a la incorporación de reinos y condados en el Mediterráneo, incluyendo partes de la actual Italia y Grecia, así como las Islas Baleares y Sicilia. Cada conquista era como añadir una nueva pieza a su colección de trofeos mediterráneos, convirtiendo a la Corona de Aragón en una verdadera potencia marítima.

✤ *La Administración y la Lengua*

Lo interesante de la Corona de Aragón fue su sistema de administración. A pesar de su expansión y la diversidad de sus territorios, mantuvo una estructura bastante descentralizada. Cada región conservaba sus propias leyes, instituciones y hasta su lengua, lo que podría considerarse una temprana forma de federalismo. Esto permitió que el catalán, por ejemplo, se expandiera y floreciera como lengua de administración y cultura a través del vasto mar Mediterráneo.

❖ *El Legado*

La Corona de Aragón dejó un legado duradero en la historia, cultura y política de España y del Mediterráneo. Su influencia se extendió mucho más allá de sus fronteras físicas, impactando en el comercio, la ley, el arte y la literatura de la

Recuerdo de boda de Petronila y Ramón Berenguer IV

región. La Corona de Aragón es un recordatorio fascinante de cómo las uniones estratégicas, las conquistas y la administración inteligente pueden dar forma al destino de naciones enteras.

En resumen, la creación de la Corona de Aragón no fue solo el resultado de un matrimonio bien planificado, sino el comienzo de una historia apasionante de expansión, influencia y legado que resuena hasta nuestros días. Y todo comenzó con una propuesta de matrimonio que probablemente tuvo menos romance que una negociación de tratados, pero definitivamente cambió el curso de la historia.

Alfonso X «el Sabio» y su época

Imagínate un rey que podría haber sido el primer *influencer* de la historia, pero en vez de subir *selfies* se dedicaba a mandar escribir libros como si no hubiera un mañana. Este era **Alfonso X, el Sabio**, un monarca medieval que, en vez de limitarse a reinar en silencio, decidió que sería más divertido convertirse en el epicentro de la cultura, la ciencia y la astrología.

En su época, allá por el siglo XIII, **Alfonso X** decidió que su corte sería la Wikipedia de la sabiduría medieval. Se rodeó de intelectuales, científicos y artistas de toda Europa y del mundo islámico. Bajo su mando, se tradujeron obras del árabe, el latín y el hebreo al castellano, porque para **Alfonso**, el idioma no debía ser una barrera para el conocimiento. Era el rey del contenido antes de que el contenido fuera rey.

Pero no todo era estudiar y traducir bajo el reinado de **Alfonso**. También había tiempo para el ocio. **Alfonso** fue el *influencer* de los juegos de mesa de su tiempo, impulsando el ajedrez y escribiendo nada menos que el primer manual de juegos conocido en Europa. Imagina las tardes de juegos en la corte, ¡las primeras *LAN parties* pero con tableros y sin internet!

Y hablando de influencias, **Alfonso X** le dio al botón de «me gusta» al cielo tanto que decidió que era necesario escribir las «Tablas Alfonsíes», básicamente un software astronómico en forma de libro, que ayudaba a predecir la posición de los planetas sin necesidad de abrir una app.

Aunque, como buen *influencer*, no todo fue positivo. Alfonso tuvo sus propios *haters* en forma de nobles rebeldes, y hasta su propio hijo se unió al drama familiar sublevándose contra él. La vida en la corte tenía más intriga que una temporada completa de *Juego de Tronos*.

Alfonso X y Jaime I mantuvieron un largo pulso por ver quién era el rey más importante de la España cristiana

Alfonso X, el Sabio, no solo dejó un legado de obras y conocimientos, sino también un modelo de reinado que mezclaba el entretenimiento con la sabiduría. En definitiva, fue el rey más *geek* de la Edad Media, un auténtico pionero de la cultura pop medieval.

Jaime I conquista Valencia y Mallorca

Jaime I disfruta de una ensaimada

Jaime I de Aragón, más conocido como **Jaime el Conquistador,** no era de los que se quedaban de brazos cruzados. Allá por el siglo XIII, este rey, que tenía más energía que un adolescente con un nuevo videojuego, decidió que era un buen momento para expandir sus horizontes. Y ¿qué mejor lugar para hacerlo que en las soleadas costas de Valencia y Mallorca?

Primero vino Mallorca. **Jaime** pensó ¿por qué no añadir una isla a su colección? En 1229, se embarcó con su flota desde el puerto de Salou, listo para unas «vacaciones de conquista». Mallorca no sabía lo que le esperaba. Después de un desembarco que parece sacado de una película de piratas, y tras varios meses de lucha, **Jaime** capturó la isla, añadiendo otro pedazo de tierra bajo su corona. Se dice que los mallorquines, al ver a **Jaime** y sus tropas, no sabían si preparar un banquete de bienvenida o correr a esconderse.

Jaime I disfruta de una horchata

Luego vino Valencia. **Jaime**, que no era muy fan de compartir, decidió que quería toda la ciudad para él. Después de todo, ¿a quién no le gusta un buen trozo de la costa mediterránea? Así que en 1238, después de un sitio que duró más de un año, **Jaime** logró convencer (es decir, obligar) a los musulmanes a que le cedieran la ciudad. Imagina la escena: **Jaime** montado en su caballo, probablemente con una espada flamígera en la mano, proclamando «¡Valencia es mía!» con el dramatismo de un actor de telenovela.

Así que ahí lo tienes, **Jaime I**, el rey fiestero que no podía resistirse a un buen desafío, dejó su huella en la historia conquistando Valencia y Mallorca. No sólo expandió su reino, sino que también aseguró que sus vacaciones de verano fueran en lugares con vistas espectaculares y una buena brisa marina. ¡Todo un visionario!

Jaime I en la toma de Benidorm

«*Enredo*» *medieval: Las guerras dinásticas españolas de principios del siglo XIV*

En la grandiosa España del siglo XIV, no había nada más popular que una buena guerra dinástica. Parecía que cada vez que un rey moría, sus descendientes no perdían el tiempo con algo tan mundano como el duelo. En lugar de ello, se lanzaban alegremente a una guerra para ver quién conseguía la corona, haciendo de cada sucesión una especie de lotería sangrienta.

La estrella de esta épica dramática era Castilla, donde **Alfonso XI**, en un descuido sin precedentes, fallece dejando a un niño de apenas un año, Pedro, como heredero. Pero ¿por qué conformarse con un rey que aún usa pañales cuando se puede tener un festín de regentes y pretendientes al trono? Así, mientras el joven **Pedro** aprendía a caminar, sus nobles se dedicaban a la noble tarea de desgarrar el reino en una sucesión de intrigas más enrevesadas que un episodio de *Juego de Tronos*.

Mientras tanto, en Aragón, la muerte de **Alfonso IV** desataba su propio culebrón, donde la reina viuda y los hijos del anterior matrimonio del rey se enzarzaban en una disputa que haría palidecer a cualquier guionista de telenovela. Aquí la tradición dictaba que, si no estabas conspirando contra tu hermanastro, probablemente no estabas haciendo mucho con tu vida.

No contentos con las disputas internas, estos reinos también encontraban tiempo para mezclarse en las guerras de los demás, en un impresionante despliegue de diplomacia medieval que consistía principalmente en casarse entre ellos de la manera más complicada y políticamente ventajosa posible. Esto no sólo aseguraba alianzas frágiles, sino que también garantizaba que cualquier reunión familiar fuera lo suficientemente incómoda como para requerir la presencia de varios ejércitos.

En Navarra, el panorama no era menos teatral. **Carlos II**, más conocido como el Malo (porque claro, ¿por qué perder el tiempo con apodos ambiguos?), se dedicaba a expandir su dominio no tanto por conquistas militares, sino por un intrincado entramado de matrimonios, alianzas y, cuando todo lo demás fallaba, la buena y vieja traición.

La ironía de todas estas guerras dinásticas era que, mientras los nobles se entretenían en sus juegos de poder, la población general sufría las consecuencias de sus ambiciones. El campo se convertía en campo de batalla, las cosechas en comida para ejércitos, y la vida cotidiana en una serie de interrupciones que hacían que la plaga pareciera un mal menor.

Al final, lo que estas guerras demostraron fue que, en la España medieval, el poder no residía tanto en tener el derecho legítimo al trono, sino en tener la astucia para reclamarlo y la fuerza para mantenerlo. Y mientras los reyes y nobles jugaban su ajedrez sangriento, la verdadera ironía radicaba en que la historia los recordaría no tanto por sus logros políticos o militares, sino por su capacidad de convertir la gobernanza en un arte de caos y espectáculo. ¡Qué siga la función!

La «Guerra de los dos Pedros»: empieza el «y tú más»

«La Guerra de los Dos Pedros», que parece el título de una película de vaqueros donde falta el tercer Pedro por problemas de presupuesto, fue en realidad un encontronazo entre dos reyes con el mismo nombre y la misma cantidad de ganas de ceder terreno: ninguna.

Pedro IV de Aragón, también conocido como «el Ceremonioso», y **Pedro I** de Castilla, apodado «el Cruel» o «el Justiciero» según a quién le preguntaras (y si estaba vivo para responder), se enzarzaron en una riña de vecinos que se les fue un poco de las manos, convirtiéndose en una guerra que duraría desde 1356 hasta 1366. Un poco más extensa que una disputa por el volumen de la música, ¿no?

El Ceremonioso pensó que era un buen día para ampliar sus dominios porque, claro, ¿qué más puede hacer un rey cuando se aburre?

—Venga, vamos a tomar un poco de Castilla.

Pero, **Pedro el Cruel** pensó que no iba a ser menos que su homónimo.

—Si él tiene tierras, yo también quiero las suyas.

Y así, ambos **Pedros** se tiraron una década enviándose notas agresivas en forma de ejércitos.

Lo cómico de la situación es que ambos tenían más en común de lo que creían: el mismo nombre, coronas un tanto apretadas, y súbditos que probablemente rodaban los ojos cada vez que se declaraba otra batalla. «¡Allá vamos otra vez!», dirían.

Entre asedios que iban y venían, **Pedro de Castilla** se distraía con asuntos internos de «gestión de recursos humanos» (es decir, decidiendo a quién encarcelar o desterrar esa semana), mientras que **Pedro de Aragón** se tomaba tan en serio las ceremonias que probablemente se detenía a organizar un desfile en medio de un sitio.

Los dos Pedros, frente a frente

Al final, la guerra acabó más por agotamiento y problemas económicos que por una victoria decisiva. Los dos Pedros se fueron a casa, con **Pedro de Aragón** seguramente diciendo «Esto no ha acabado», y **Pedro de Castilla** contestando «¡Lo que tú digas, pero en mi casa mando yo!».

En resumen, la Guerra de los Dos Pedros fue como una pelea de patio de colegio pero con reinos enteros en juego y menos sentido común. Un capítulo de la historia que nos enseña que compartir nombre no garantiza hacer buenas migas, especialmente si ambos se llaman Pedro y tienen una corona.

La peste bubónica

La Peste Negra, esa famosa turista no invitada que decidió visitar Europa en el siglo XIV, tuvo un viaje especialmente memorable por España. Ahora, permíteme contarte una historia sobre los efectos de la peste negra en la España medieval, pero con un giro humorístico, porque si la historia nos enseñó algo, es que el humor ayuda a digerir incluso las peores tragedias.

Había una vez en España, un país conocido por su sol, su paella, y, desafortunadamente, por ser una de las paradas en el itinerario de la Peste Negra. Este particular visitante llegó sin aviso previo, causando un gran revuelo en todos los rincones del reino.

En la corte del rey, los nobles empezaron a llevar máscaras largas que parecían picos de pájaros. Decían que era para protegerse de la enfermedad, pero en realidad, era la excusa perfecta para no tener que oler los pies de los demás nobles durante los largos discursos del rey.

Los doctores de la época, vestidos con sus mejores trajes de Halloween que consistían en esos mismos picos de pájaro, capas, y sombreros que harían sonrojar a cualquier bruja de Salem, recetaban remedios que iban desde "bailar la macarena tres veces al día" hasta "beber una infusión hecha con los dientes de un lobo y el aliento de un dragón", ingredientes tan difíciles de encontrar como un caballero que admitiera haberse perdido.

En los pueblos, la gente empezó a practicar el distanciamiento social como nunca antes se había visto. Si antes los vecinos se quejaban de las fiestas ruidosas, ahora se quejaban de que alguien les había mirado por la ventana a menos de doscientos metros de distancia. "¡Por favor, respeta mi espacio personal!", gritaban desde un balcón a otro.

Bailar la Macarena tres veces al día fue uno de los remedios que los médicos recomendaban contra la peste negra

Y qué decir de los gatos, esos animales que fueron injustamente acusados de propagar la peste. En un giro irónico del destino, se convirtieron en los reyes del distanciamiento social, mirando desdeñosamente a los humanos y pensando "Yo ya practicaba el distanciamiento social antes de que fuera *cool*".

Pero no todo era desesperación y caos. La peste negra trajo consigo una explosión de creatividad en la industria del entretenimiento. Los juglares empezaron a componer baladas como *Oda a la Rata, Bringer of the Plague* y *El Danzón de los Supervivientes*", éxitos que sonaban en todas las tabernas, convirtiendo la cuarentena en una inesperada fiesta medieval.

Al final, España, como el resto de Europa, superó la peste negra, dejando tras de sí una historia de resiliencia, absurdo, y una importante lección: siempre es mejor lavarse las manos, especialmente después de una reunión con ratas o nobles con dudosos hábitos de higiene.

Y así, con una mezcla de humor negro y resiliencia, la España medieval se sobrepuso a uno de los peores momentos de su historia, demostrando que incluso en los tiempos más oscuros, un poco de humor puede ser la mejor medicina.

Isabel y Fernando: La «power couple» del Renacimiento

Imaginemos por un momento a los Reyes Católicos, Fernando e Isabel, como la versión renacentista de **Brangelina**, pero en vez de estar en las portadas de las revistas de Hollywood, acaparaban las páginas de pergamino con sus últimas hazañas políticas y militares.

Isabel y **Fernando**, o «Fernabel» para los fanáticos de los apodos de pareja, fueron la *power couple* de finales del siglo xv. Juntaron sus reinos como quien combina dos exitosos estudios de cine para crear un blockbuster de época: la España unificada. Eran el dúo dinámico, los jefes finales del juego de tronos ibérico, completando niveles de conquista y diplomacia con la misma destreza que los paparazzi esquivan guardaespaldas.

Como **Brangelina, Fernabel** no solo se dedicaba a las conquistas territoriales –que les sobraban, desde Granada hasta Nápoles– sino que también produjeron su propia saga de descendencia, que se repartiría por todas las casas reales de Europa como los derechos de una franquicia cinematográfica exitosa. Cada matrimonio de sus hijos era como lanzar una nueva secuela o spin-off: *Catalina de Aragón: La Aventura Inglesa* o *Juana la Loca: Amor y Desamor en Castilla*.

Pero la pareja no se quedó ahí, también decidieron producir un *spin-off* religioso titulado *La Inquisición*, que, francamente, tuvo críticas bastante negativas por su riguroso control de calidad en materia de fe. Incluso intentaron expandir su mercado hacia el Nuevo Mundo, enviando a **Cristóbal Colón** en una gira promocional a las Américas que, hay que decirlo, tuvo un impacto bastante duradero.

«Fernabel», los «Brangelina» del Renacimiento

Como **Brangelina,** también tuvieron sus polémicas. Su enfoque en la marca "unidad religiosa" les llevó a tomar decisiones ejecutivas bastante extremas, como la expulsión de los judíos y los musulmanes, que dejó a la península un poco menos diversa en el elenco cultural.

En resumen, **Fernabel** fue la pareja que lo tenía todo: poder, pasión y un proyecto conjunto de construir una nación que sería el equivalente a un «blockbuster» de la historia de España, aunque no sin sus controversias. Así que, aunque no tuvieron la oportunidad de posar en la alfombra roja o adoptar niños de alrededor del globo, sin duda dejaron una marca tan indeleble en la historia como la que dejó **Brangelina** en el entretenimiento contemporáneo. Y vivieron felices... bueno, y el resto es historia.

La Inquisición Española: «Cría fama...»

La Inquisición Española fue un período sombrío y controvertido en la historia de España que tuvo lugar principalmente durante los siglos XV y XVI. Fue establecida en 1478 por los **Reyes Católicos**, con el objetivo de mantener la ortodoxia religiosa y erradicar la herejía en el Reino de Castilla y, posteriormente, en toda España. Si bien la Inquisición española no fue la primera de su tipo, fue una de las más notorias y persistentes, y su legado aún se siente en la historia y la cultura españolas.

La Inquisición se centró principalmente en la persecución de aquellos que se desviaban del catolicismo ortodoxo, especialmente los judíos y musulmanes convertidos al cristianismo, conocidos como conversos y moriscos, respectivamente. También se dirigía a los protestantes y a cualquier persona que se considerara una amenaza para la hegemonía religiosa y política de la corona española.

Los métodos de la Inquisición Española incluían interrogatorios, torturas, confiscación de bienes y, en casos extremos, ejecuciones públicas. Los tribunales de la Inquisición eran conocidos por su falta de transparencia y su propensión a condenar a los acusados basándose en evidencia circunstancial y confesiones obtenidas bajo coacción.

Top 10 métodos de tortura de la inquisición

1. *«El Trono de Aragón»*: se ataba al condenado a un trono y se le obligaba a escuchar jotas hasta conseguir su confesión o la muerte.

2. *«La oreja de Van Gogh»*: consistía en cortar la oreja del reo lentamente, mientras se le susurraban al oído canciones de éxito de la época.

3. *«El cochinillo»*:se ponía al prisionero tumbado boca abajo, con una manzana en la boca, mientras se le propinaban golpes en la nuca con un plato de postre, hasta que confesaba o quedaba desnucado.

4. *«El bufón»*: consistía en atar al acusado a una silla y hacerle presenciar la actuación de un bufón. Si no conseguía aguantarse la risa era destripado *in situ*.

5. *«El perro rabioso de Schrödinger»*: se metía en una caja un perro rabioso, el cual no se sabía si está vivo o muerto hasta que el acusado metía la mano en la caja. Si el perro mordía, estaba vivo, y el acusado moría de rabia. De lo contrario, era absuelto.

6. *«El escribano»*: el reo debía leer un documento escrito en caligrafía gótica en un tiempo limitado, según la gravedad de la acusación.

7. *«La lista maldita»*: se obligaba al reo a recitar la lista de los reyes godos y a cada fallo se le amputaba una falange, hasta que se aprendía la lista o quedaba sin dedos en las manos y los pies.

8. *«El potro de Vallecas»*: se ataba al acusado a un potro de tortura y se le dejaba a merced de los golpes de un púgil venido de Vallecas.

9. *«El asado castellano»*: se obligaba al reo a ingerir el típico menú castellano (cuarto de lechazo, ensalada y morcillas) durante 27 días seguidos, hasta que confesaba o moría de gota.

10. *«El venao»*: El acusado era introducido en un venado de hierro que era escaldado con fuego, hasta que confesaba o emitía un bramido que recordaba a un venado.

1492: La conquista de Granada

La conquista de Granada fue básicamente el final de temporada de la serie *Reconquista: El reality de la Península Ibérica*. Durante varios episodios, digamos unos pocos cientos de años, los musulmanes habían mantenido su fortaleza en Granada, un reino tan encantador y bien decorado que hasta los Reyes Católicos se sentían mal de tener que conquistarlo.

Fernando e **Isabel**, *aka* Fernabel o «Los Reyes Reality», como los llamaríamos hoy, tenían su vista puesta en Granada porque completar la colección de reinos peninsulares les parecía más satisfactorio que completar un álbum de cromos. Así que, tras muchas temporadas de escaramuzas, asedios y algún que otro drama cortesano, se decidieron por el gran final: la toma de Granada.

Mientras tanto, en Granada, el último sultán nazarí, **Boabdil**, estaba teniendo un mal siglo. No solo tenía que lidiar con los problemas internos de su reino, sino que cada vez que miraba por la ventana, veía a los reyes católicos acampados fuera con un ejército que, según los rumores, estaba allí solo para disfrutar del esquí en Sierra Nevada.

La cosa se puso tan tensa que se decía que en Granada se podía cortar la tensión con un cuchillo de kebab. **Boabdil** intentó algunas maniobras políticas y militares, pero cada vez que salía con su ejército, los Reyes Católicos estaban allí, con sus tropas y una colección cada vez mayor de castillos hinchables, como quien va sumando propiedades en el Monopoly.

Finalmente, después de varios meses de asedio y con la despensa solo con latas de habas y un par de botes de garbanzos, **Boabdil** se rindió. La leyenda cuenta que, al salir de Granada, se detuvo en un lugar conocido como el Suspiro del Moro y derramó una lágrima porque había perdido su precioso reino (y porque se había dejado las llaves del palacio dentro).

Y así fue como los Reyes Católicos añadieron Granada a su lista de conquistas, justo a tiempo para los créditos finales. **Isabel** le dijo a **Fernando**: «Ya puedes actualizar el estado en Facebook a 'En una relación oficial con toda España'». Y aunque Boabdil estaba triste, en el fondo sabía que había protagonizado uno de los finales más épicos de la historia de España, uno que sería contado una y otra vez, en tono serio y con un poquito de humor.

Boabdil llora el traspaso de su castillo favorito

1492: *Colón se confunde de continente*

En 1492, cuando navegar por Google Maps todavía implicaba mirar las estrellas y preguntarse si habías tomado el giro correcto en las Canarias, **Cristóbal Colón** convenció a los Reyes Católicos de que le financiaran un viaje para encontrar una ruta más corta a Asia. Por supuesto, él estaba tan seguro de su plan como yo de que mis plantas sobrevivirán al invierno sin que las riegue.

Con un optimismo digno de un emprendedor de Silicon Valley, **Colón** zarpó con la Pinta, la Niña y la Santa María, tres barcos que más bien parecían haber sido elegidos por su capacidad para protagonizar una canción infantil que por su idoneidad para una expedición transatlántica. La tripulación estaba compuesta por marineros, aventureros y, probablemente, algunos que simplemente se subieron al barco equivocado pensando que era un crucero todo incluido.

A medida que pasaban los días, el optimismo inicial se fue diluyendo como el wifi en medio del océano. Las quejas comenzaron a aflorar. «¿Estamos ya en Asia?» se convirtió en el «¿Ya llegamos?» de este largo viaje en coche familiar. **Colón**, en un intento de mantener la moral alta, probablemente inventó historias sobre lo genial que sería Asia, con sus especias, sedas y, por supuesto, el wifi gratis en todas partes.

Cuando finalmente avistaron tierra, **Colón** y su tripulación estaban tan emocionados que ni siquiera se dieron cuenta de su pequeño error de cálculo. «Asia» resultó ser un nuevo continente entero, lo que, en términos de errores, es bastante impresionante. Sin embargo, **Colón**, manteniendo la cabeza alta y posiblemente confundiendo su orgullo con orientación geográfica, decidió que este nuevo lugar también podía ser llamado «India», porque, ¿quién iba a corregirlo?

Colón, navegando

La interacción con los habitantes locales fue un cruce entre un encuentro de la ONU y un intercambio cultural en un campamento de verano. **Colón**, aplicando sus mejores habilidades de relaciones públicas, repartió sombreros y camisetas promocionales del «Tour de Colón 1492», asegurándose de que, aunque no encontrara una nueva ruta a Asia, al menos dejaría una marca de moda duradera.

A su regreso a España, **Colón** fue recibido como un héroe, principalmente porque en esa época no había Twitter para señalar inmediatamente los errores geográficos. Los Reyes Católicos, encantados con sus exóticos descubrimientos, posiblemente ignoraron el hecho de que Asia seguía estando donde siempre había estado, y no donde **Colón** pensaba.

Y así, con un montón de confusiones, buena fe y quizás un poco de suerte, el viaje de **Colón** se convirtió en una de las aventuras más recordadas de la historia, demostrando que a veces, no saber exactamente a dónde vas puede terminar siendo un gran descubrimiento. Literalmente.

1492: La expulsión de los judíos

La expulsión de los judíos de España en 1492 es uno de esos momentos de la historia que te hacen fruncir el ceño y preguntarte, "¿Pero qué estaban pensando?". Imaginemos una versión algo más ligera de este evento, sin olvidar el respeto que merece el tema.

Era 1492, un año destacado en la agenda de Fernando e Isabel, porque entre descubrir América y la finalización de la Reconquista, decidieron que no había suficiente emoción y drama. "¿Qué más podríamos hacer?", se preguntaba Isabel, hojeando su agenda real llena de cruzadas, banquetes y el ocasional torneo de justas. "Ya sé", dijo Fernando, "¡Vamos a complicarle la vida a un grupo entero de nuestros súbditos!"

Así, con la misma ligereza con que uno decide cambiar de cortinas en la sala, se les ocurrió la brillante idea de expulsar a los judíos de España. Como si la logística de un viaje transatlántico no fuera suficiente quebradero de cabeza, añadieron el reto de reubicar a miles de personas porque, al parecer, no había suficiente drama en el reino.

Imagina por un momento a los consejeros reales intentando planear esto en su reunión matutina. "Bien, tenemos la lista de compras para el viaje de Colón, pero parece que tenemos que añadir 'encontrar un nuevo hogar para una población entera' a la agenda de hoy". Alguien sugiere, "¿Hemos considerado simplemente... no hacerlo?" pero es rápidamente despedido por ser demasiado lógico.

Mientras tanto, las comunidades judías reciben la noticia con la misma incredulidad que recibirías un aviso de desalojo por parte de tu casero porque ha decidido que solo quiere inquilinos que coleccionen sellos. "¿Y ahora qué?", se preguntaban. "¿Alguien sabe de un buen lugar con vistas al mar, ambiente cosmopolita y tolerante, que acepte mascotas y a nosotros?"

El resultado fue un éxodo masivo, con judíos españoles empacando sus pertenencias, sus recetas de cocina (porque no todo el mundo sabe hacer un buen cocido), y sus sueños, dirigiéndose hacia lo desconocido. Por el camino, debatían sobre las implicaciones logísticas de su situación: "¿Crees que en el Imperio Otomano apreciarán un buen jamón serrano?" "Eh, probablemente no, pero seguro que se sorprenderán con nuestro flan".

Aunque esta narración intenta darle un giro humorístico a un evento históricamente trágico, es importante recordar la seriedad del impacto que tuvo la expulsión en las vidas de tantas personas y en la historia cultural de España y del mundo. La resiliencia y el espíritu indomable de aquellos que fueron forzados a dejar sus hogares es un testimonio de la fortaleza humana frente a las adversidades. Y mientras que Fernando e Isabel podrían haber pensado que estaban simplificando las cosas, en realidad, estaban perdiendo una parte invaluable de su reino que nunca sería recuperada.

SEGUNDA PARTE

LA ESPAÑA DE LOS AUSTRIAS

Felipe «el Hermoso»: Lo bueno, si breve...

El flamenco **Felipe el Hermoso,** conocido tanto por su título real como por su apariencia estelar, pasó a la historia no solo por su mandíbula digna de un príncipe de Disney, sino también por un reinado que parecía sacado de una comedia de enredos renacentista.

Su matrimonio con **Juana,** llamada posteriormente «la Loca», fue el *reality show* no filmado de la época. Si bien los dos compartían una química ardiente, sus escarceos amorosos eran tan dramáticos que incluso los trovadores tenían material para años. **Juana,** con un celo que podría haber inspirado varias temporadas de telenovelas, vigilaba a **Felipe** con un ojo tan agudo que los espías de la corte podrían haber tomado nota.

Felipe, mientras tanto, encontraba tiempo entre sus tareas reales para asegurarse de que sus retratos fueran tan favorecedores como fuera posible. Esto incluía desde encargar el diseño de opulentas vestimentas hasta practicar poses en el espejo, todo para asegurar que su legado visual fuera tan impresionante como sus supuestos títulos nobiliarios.

Pese a lo breve de su reinado, **Felipe** es recordado por dos grandes méritos (a parte de su belleza): inaugurar la dinastía de los **Habsburgo** en España y volver loca a su mujer **Juana**, que era como una ninfómana, pero de un solo hombre.

Felipe el Hermoso, el primer Habsburgo:
carismático, fiestero y... fugaz

QUÉ PAÍS, QUÉ PAISAJE... ¡QUÉ PAISANAJE!

Juana La Loca: «Si tú eres mi hombre y yo tu mujer»

*Ah, **Juana la Loca**, una de las protagonistas más dramáticas del culebrón histórico español. Su vida fue como una telenovela de época, pero sin anuncios.*

*Juana, nacida en una familia donde ser normal era el verdadero reto, decidió no quedarse atrás. Su historia de amor con **Felipe el Hermoso** es para agarrarse los pelos... bueno, si es que **Felipe***

Juana vivió lo que hoy se diría una relación tóxica con Felipe el Hermoso

*hubiera dejado alguno sin arrancar de tanto estrés. Dicen que fue amor a primera vista, pero con **Felipe** más bien parece que fue un «amor a primera herencia».*

Felipe, *que tenía más de hermoso que de fiel, le puso los cuernos a* **Juana** *más veces que las que caben en una canción de despecho. Pero* **Juana***, lejos de hacer un* **Elsa** *y dejarlo ir, se aferró con más fuerza. Tanto, que acabó acompañándolo en su último viaje como una mochila emocional: llevó su ataúd por medio España porque, claramente, eso es lo que haces cuando no puedes superar una ruptura.*

Y mientras **Juana** *llevaba a cabo su tour de amor eterno con un féretro, sus amables y comprensivos familiares la ayudaban encerrándola. Porque, ¿cómo demuestras tu amor familiar? Encerrando a tus parientes en un castillo, por supuesto. Todo muy normal en la familia real.*

Carlos V, el rey viajero

Carlos V, conocido en algunos círculos como «el Mochilero» por su afición a recorrer Europa (cuando no estaba ocupado reinando sobre medio mundo), tenía un currículum que haría palidecer al más aventajado de los LinkedIn. No contento con ser solo el rey de España, también acumulaba títulos como el Emperador del Sacro Imperio Romano Germánico, «Amo de las Américas», «Señor de los Países Bajos» y «Eventual Turista de Yuste».

Nacido en Gante, que está en la actual Bélgica, **Carlos** llegó al mundo con una cuchara de oro en la boca, una espada en una mano y un mapa en la otra. Desde pequeño, demostró tener una habilidad innata para heredar tronos, y para cuando se hizo mayor, tenía más territorios bajo su mando que los que podría visitar en unas vacaciones de verano, incluso si volara en primera clase.

Gobernar el primer imperio en el que «el sol nunca se ponía» no era tarea fácil. Tenía tantos súbditos que necesitaba un GPS para recordar dónde estaban todos. Entre lidiar con las revueltas en Alemania, mantener a raya a Francia, y administrar un imperio transatlántico, **Carlos** pasaba tanto tiempo en el camino que probablemente acumuló suficientes millas como para viajar gratis alrededor del mundo un par de veces.

Carlos también era un aficionado al matrimonio político, organizando enlaces matrimoniales como quien organiza fiestas sorpresa. Esto no solo expandió su imperio, sino que también le dio acceso a una impresionante colección de trajes de boda.

En su tiempo libre, que era poco, **Carlos** disfrutaba de pasatiempos como la caza, la jardinería, y el ocasional acto de supresión de herejías. Era conocido por su gusto en arte y arquitectura, invirtiendo en proyectos que, honestamente, probablemente esperaba poder visitar algún día cuando se retirara.

Hablando de retiros, **Carlos** decidió colgar su corona y su armadura en 1556, pasando el testigo a su hijo **Felipe II**. Se retiró al Monasterio de Yuste, buscando una vida de tranquilidad, lejos del bullicio del gobierno. Aunque, considerando que llevó consigo una *retinue* de 50 personas y todos los lujos a los que estaba acostumbrado, su versión de tranquilidad era probablemente más agitada que las vacaciones de la mayoría.

En resumen, **Carlos V** fue el tipo de rey que hacía que administrar un imperio mundial pareciera tan fácil como ordenar tapas en un bar español. Con una vida llena de aventuras, batallas y un poco de jardinería, **Carlos** dejó una huella imborrable en la historia, demostrando que con suficiente determinación (y una flota de barcos y ejércitos), puedes tener el mundo a tus pies. O al menos, un buen pedazo de él.

Carlos V, más viajado que un piloto de Ryanair

QUÉ PAÍS, QUÉ PAISAJE... ¡QUÉ PAISANAJE!

Años 1520-1521

Rebeldes con causa: Los comuneros

En la era del Renacimiento, cuando el arte florecía y la moda era llevar medias muy ajustadas y sombreros absurdamente grandes, en Castilla algo empezaba a cocerse. No era un lechón, aunque eso también hubiera estado bien, sino una rebelión. ¡Los comuneros habían llegado para ponerle sabor al drama político del siglo XVI!

*El rey **Carlos I**, que coleccionaba coronas como quien colecciona cromos, había decidido que ser rey de Castilla no era suficiente. ¿Por qué no ser también Emperador del Sacro Imperio Romano Germánico? Claro, porque uno siempre puede añadir un título más al CV. Pero mientras él estaba ocupado jugando a ser el jefe supremo en otras tierras, sus leales súbditos castellanos se enfrentaban a una crisis: ¡los impuestos subían como la espuma en la cerveza de la fiesta del pueblo!*

*Entonces, un grupo de ciudadanos encabezados por **Juan de Padilla**, que debió de pensar que si lideraba una revuelta al menos se haría famoso, decidieron que ya era hora de actuar. Crearon una especie de club de la lucha contra los impuestos, conocido como la Junta de Comuneros. Era como un grupo de WhatsApp medieval, pero sin emojis y con más espadas.*

La revuelta comenzó con el lema «¡No más impuestos sin diversión!» (o algo así). Imagínatelos, corriendo por las calles, con antorchas y pergaminos, gritando por la justicia fiscal y quizás por alguna rebaja en las tabernas.

Carlos I, *al enterarse de la fiesta revolucionaria que había en Castilla, se dijo a sí mismo: «¡Estos plebeyos están fuera de control!» Y envió a sus tropas, que probablemente tenían que interrumpir sus partidas de cartas, para restaurar el orden. Lo que siguió fue una mezcla de Juego de Tronos con Los Miserables, solo que con menos canciones y más discursos apasionados.*

En 1521, la batalla de Villalar puso el broche final a la revuelta. Los líderes comuneros fueron capturados en lo que probablemente fue el peor final de fiesta de la historia. A pesar de la derrota, se convirtieron en leyendas. La gente aún brinda por ellos en las tabernas, recordándolos como los primeros influencers de la resistencia.

Así que la próxima vez que te duela pagar la factura de internet, piensa en los comuneros, que literalmente iniciaron una guerra porque no querían gastar ni un céntimo más de lo necesario. ¡Eso sí es ser ahorrativo!

Padilla, Bravo y Maldonado

QUÉ PAÍS, QUÉ PAISAJE... ¡QUÉ PAISANAJE!

«Ni quito ni pongo rey, sólo sirvo a mi señor»: el Duque de Alba

«Ni quito ni pongo rey, sólo sirvo a mi señor» es una frase que bien podría haber salido de una comedia medieval de enredos, pero resulta que tiene su origen en la historia real y algo surrealista de España. El protagonista de esta peculiar frase no es otro que el **Duque de Alba**, *un personaje que en su tiempo de ocio entre batalla y batalla, decidió hacer un cameo en la historia con un toque de humor involuntario.*

La frase se remonta a la revuelta de los Comuneros en Castilla, allá por el siglo XVI. Los comuneros, que estaban un pelín descontentos con **Carlos I** *por motivos que incluían desde impuestos hasta el clásico «no eres de aquí», decidieron que era buen momento para reformar el reino, y si eso incluía cambiar al rey, pues mira, cosas que pasan.*

Carlos I, *que no estaba precisamente emocionado con la idea de ser reformado fuera del trono, llamó a sus amigos con espadas para que le echaran una mano. Entre ellos estaba el* **Duque de Alba**, *conocido por su habilidad en el campo de batalla y, aparentemente, por sus dotes para la comedia.*

Cuando el **Duque** *capturó al líder de los comuneros,* **Juan de Padilla**, *y lo presentó ante las autoridades, soltó la famosa frase «Ni quito ni pongo rey, solo sirvo a mi señor». Vamos, que el hombre estaba diciendo: «Yo aquí, en el tema de elegir reyes, no me meto, pero si mi colega* **Carlos** *necesita una mano para retener el empleo, pues yo no voy a ser menos».*

La frase es una maravilla de la diplomacia a la española, un perfecto «me lavo las manos, pero antes las ensucio un poquito ayudando a un amigo». Es como si el **Duque** *hubiera inventado su propia versión del «yo no he sido» antes incluso de que existiera el concepto.*

Esta historia nos deja una lección importante: en tiempos de crisis, nada como un buen giro de guion y una frase ingeniosa para asegurarte un lugar en los libros de historia. Y así, el **Duque de Alba**, *sin querer (o queriendo), se convirtió en el precursor del humor político español, demostrando que, a veces, la historia tiene más de comedia de lo que pensamos.*

El Duque de Alba, un hombre de "armas tomar"

La conquista de México: «¿Qué bueno que vinimos?»

Imaginemos la conquista española de México no como un capítulo de un libro de historia, sino como el guion de una comedia de situaciones algo disparatada, protagonizada por Hernán Cortés y su tropa de improvisados «turistas» españoles, quienes, buscando especias, terminaron en un episodio de *Cazadores de Casas Edición Internacional* muy equivocado.

❧ *Capítulo 1: Llegada a Veracruz: ¿Dónde Está la Playa?*
   Hernán Cortés y sus hombres desembarcan en lo que ellos creen que es el nuevo resort todo incluido de Asia, pero descubren que se han equivocado de continente. **Cortés**, decidido a hacer de esto unas vacaciones inolvidables, decide «comprar una casa en la playa» (entiéndase conquistar territorios) con vistas al Templo Mayor.

❧ *Capítulo 2: Malentendidos con los Vecinos*
   Cortés intenta socializar con los locales, los aztecas, llevando regalos que incluyen espejos (porque, ¿quién no quiere verse bien?) y caballos (el equivalente a los coches deportivos de la época). **Moctezuma,** el anfitrión local, inicialmente

está encantado con los nuevos visitantes, hasta que descubre que su idea de un intercambio cultural implica más tomar que dar.

✣ *Capítulo 3: La Fiesta que se Convirtió en Conquista*

En un intento por ganarse a los locales, **Cortés** organiza una gran fiesta. Sin embargo, la situación se descontrola cuando los españoles empiezan a reclamar todo a su nombre, incluidas las pirámides y los mercados de tacos. **Moctezuma**, confundido, se pregunta si esto forma parte de algún tipo de ritual de iniciación turístico.

✣ *Capítulo 4:*
El Intérprete

Para mejorar la comunicación, **Cortés** contrata a **La Malinche**, una intérprete local con habilidades lingüísticas impresionantes y una habilidad aún mayor para el chisme. Con su ayuda, **Cortés** empieza a entender la política local y descubre que el imperio azteca tiene

Hernán Cortés buscando la playa de Cancún

más drama que una temporada de «Juego de Tronos».

✣ *Capítulo 5: Una Pequeña Malinterpretación con Tenochtitlán*

Lo que comenzó como un tour cultural en Tenochtitlán pronto se convierte en un episodio de *Cómo Destruí Tu Ciudad*. **Cortés**, intentando impresionar a sus seguidores en Instagram, accidentalmente inicia una serie de eventos que culminan con la caída de la ciudad. Todo el mundo está confundido, especialmente **Cortés**, quien solo quería encontrar un buen lugar para tomar una *selfie*.

✤ *Epílogo: El Nuevo Vecindario*
Al final, **Cortés** y sus hombres se establecen, convirtiéndose en los nuevos, aunque no muy populares, vecinos de México. A pesar de los malentendidos y las aventuras caóticas, dejan una huella imborrable en la historia, demostrando que a veces, los mayores descubrimientos ocurren cuando te pierdes en el camino al supermercado.

Y así, amigos, la conquista española de México nos enseña la importancia de leer correctamente los mapas, de nunca subestimar el poder de una buena intérprete, y de recordar que, en la historia como en la vida, las cosas rara vez salen según el plan... especialmente si ese plan lo trazó **Hernán Cortés** en busca de especias.

Moctezuma viéndose sorprendido
por los españoles

La conquista del Perú: «Oro parece, plata no es...»

La conquista del Perú es una de esas historias que, si **Mario Vargas Llosa** no hubiera estado tan ocupado ganando el Premio Nobel y escribiendo sobre dramas políticos, amores complejos y dictadores carismáticos, bien podría haberse animado a convertirla en una de sus novelas épicas. Porque, admitámoslo, la historia tiene todos los ingredientes: aventura, ambición, conflictos culturales, y una buena dosis de malentendidos trágicos y cómicos.

❖ *En busca del Dorado... o de cualquier cosa brillante, realmente* **Francisco Pizarro**, quien claramente se perdió la clase de geografía que explicaba que el Dorado era un mito (o simplemente eligió ignorarlo), decidió que el Perú era el lugar perfecto para encontrar oro. Así, con la misma determinación de un turista buscando el mejor lugar para tomar *selfies*, **Pizarro** y sus compañeros se embarcaron hacia el Nuevo Mundo, convencidos de que regresarían cargados de riquezas, o al menos con un par de llamas como souvenirs.

Al llegar al Perú, **Pizarro** y su banda se encontraron con el Imperio Inca en su apogeo, un imperio tan organizado y rico que incluso tenía un servicio postal mejor que el de algunas ciudades modernas. Sin embargo, en lugar de preguntar amablemente dónde podrían encontrar oro, los españoles decidieron que sería más efectivo simplemente tomarlo. Esto, como podrán imaginar, fue el inicio de un gigantesco malentendido cultural.

En un intento de establecer relaciones diplomáticas, Pizarro invitó al emperador inca *Atahualpa* a un banquete. **Atahualpa**, probablemente esperando una agradable cena de intercambio cultural, se encontró en cambio con una emboscada. Este evento fue tan incómodo que incluso superó a esa vez que te presentaron a alguien y olvidaste su nombre inmediatamente.

Retrato de Pizarro a lomos de una llama

✤   *¿Quién necesita un caballo cuando tienes llamas?*
La caballería de **Pizarro** jugó un papel crucial en la conquista, principalmente porque los incas nunca habían visto caballos. Esto les dio a los españoles una ventaja, aunque hay que decir que las llamas también son bastante impresionantes. De hecho, **Pizarro** probablemente perdió una oportunidad de oro al no iniciar una empresa de intercambio de llamas.

Al final, la conquista del Perú por parte de los españoles cambió el curso de la historia, y no solo porque introdujeron los caballos en Sudamérica. También llevaron el oro y la plata a Europa, aunque no encontraron el Dorado, a menos que consideremos el "Dorado" como un sinónimo de "consecuencias geopolíticas a largo plazo".

Y así, amigos, la historia de la conquista del Perú nos enseña que la ambición desmedida y los malentendidos culturales pueden llevar a eventos históricos que, con el tiempo, se convierten en lecciones para el futuro... o, al menos, en anécdotas interesantes para contar en fiestas.

Felipe II: un rey «workaholic» y «control-freak»

Felipe II de España, conocido en algunos círculos como «El Prudente» (y en otros, probablemente, como «El que nunca sonríe en las pinturas»), tuvo un reinado que podría describirse mejor como «Imperio y *Chill*... pero sin el *chill*».

Imagínate ser **Felipe II**: te despiertas una mañana, te estiras, bostezas y recuerdas que eres el rey de medio mundo. Literalmente. Bajo su «humilde» mando, el Imperio español abarcaba desde los vastos y desconocidos territorios de las Américas hasta las Filipinas, nombradas así por él, por supuesto, porque cuando tienes tantos lugares, ¿por qué no nombrar uno o dos como tú?

Felipe tomó el lema «El sol nunca se pone en el Imperio español» muy en serio, tanto que probablemente tenía insomnio tratando de mantener el control de todos sus dominios. Entre gestionar el oro y la plata que fluían de las Américas (haciendo de su monedero el más envidiado de Europa) y lidiar con los constantes problemas que surgían en su vasto imperio, **Felipe** era básicamente el administrador de comunidad más ocupado de la historia.

No contento con simplemente gobernar la tierra, **Felipe** también se embarcó en la alegre aventura conocida como la Armada Invencible. En 1588, decidió que sería divertido intentar invadir Inglaterra. *Spoiler*: no lo fue. La «invencible» resultó ser más una aspiración que una descripción precisa, y el clima inglés demostró ser un adversario más formidable que los propios ingleses. La expedición fue un desastre tan grande que probablemente inspiró el primer boceto de *Cómo no invadir un país*.

Felipe II, abrumado por la burocracia que tanto amaba

En casa, **Felipe** era aficionado a construir palacios como el Escorial, un lugar tan grande y laberíntico que se rumorea que aún hoy hay turistas buscando la salida. El Escorial era mitad palacio, mitad monasterio, mitad mausoleo (sí, sabemos que eso hace tres mitades, pero en un edificio tan grande, ¿qué más da?). Era como si **Felipe** dijera: "¿Por qué tener una casa de vacaciones cuando puedes construir una que también sea tu tumba?".

Y hablando de religión, **Felipe** estaba tan dedicado a la causa católica que probablemente pasaba sus domingos enviando cartas de amor al Papa. Su celo religioso le llevó a enfrentamientos con protestantes, musulmanes y básicamente cualquiera que no compartiera su *playlist* de cánticos gregorianos.

Para resumir, el reinado de **Felipe II** fue un período de esplendor y sombras, dominado por un hombre que, a pesar de tener el mundo en sus manos, probablemente solo quería un mapa más pequeño y tal vez, solo tal vez, un poco más de sol en su propio país.

La guerra de Flandes: «El Vietnam español»

En una época donde los *selfies* eran retratos que tardaban cinco meses en pintarse y el *streaming* era simplemente un río cerca de tu castillo, España decidió embarcarse en una de sus aventuras más ambiciosas y, digámoslo, más desastrosas: la Guerra de los Ochenta Años, también conocida como «el Vietnam español». Sí, antes de que «quedarse más tiempo del necesario» se convirtiera en algo que le criticas a tu suegra, España lo hizo primero en Flandes.

❖ *La preparación: montando el escenario para el desastre*
   Felipe II, ese rey que pensaba que el imperio español no era lo suficientemente grande (porque, obviamente, lo que le faltaba a su vida era más estrés), miró hacia Flandes con ojos de conquista. «¿Qué podría salir mal?», pensó, ignorando probablemente a todos sus asesores que murmuraban, «Bueno, para empezar, todo».

❖ *La estrategia: ¿Quién necesita un plan cuando tienes optimismo?*
   La estrategia española era simple: entrar, suprimir cualquier tipo de rebelión, y asegurarse de que todo el mundo supiera

quién mandaba. Lo que no tuvieron en cuenta fue la resistencia de los flamencos, que, resulta, no estaban muy interesados en ser gobernados por alguien que pensaba que Flandes era solo un lugar bonito para unas vacaciones de verano extendidas.

Flandes fue el «Vietnam español»

❖ La realidad: un desfile interminable de oops

Lo que siguió fue una serie de batallas, asedios y más giros de guión que una telenovela turca. Los españoles, que inicialmente pensaron que esto sería un viaje rápido, se encontraron atrapados en una guerra que duraría ochenta años. Ochenta. Años. Eso es suficiente tiempo para aprender un idioma, olvidarlo, y luego aprenderlo de nuevo.

Y, como en cualquier buen episodio de *Cómo no dirigir un imperio*, los costos comenzaron a acumularse. Resulta que mantener un ejército en el extranjero por ochenta años no es precisamente barato. Quién lo hubiera dicho, ¿verdad?

✤ *El legado: dejando su marca en la historia*

Finalmente, lo que España se llevó de la Guerra de Flandes, aparte de una factura masiva y un dolor de cabeza igual de grande, fue una lección de humildad. Flandes se convirtió en el recordatorio de que, a veces, incluso las potencias más grandes del mundo necesitan saber cuándo retirarse.

Así que la próxima vez que te encuentres en una situación que parece no tener fin, recuerda la Guerra de Flandes. Al menos puedes consolarte pensando que lo que sea que estés enfrentando, probablemente no durará ochenta años. Y si lo hace, bueno, al menos podrás decir que has vivido tu propio Vietnam.

La Armada Invencible: «Más vale honra sin barcos que barcos sin honra»

La frase "más vale honra sin barcos que barcos sin honra" encuentra sus raíces en un episodio real y dramático de la historia de España, específicamente relacionado con la Armada Invencible y su confrontación con Inglaterra bajo el reinado de **Felipe II** en el siglo XVI. Esta historia, lejos de las bromas y el humor, refleja el orgullo, la valentía y, en cierta manera, el desafío ante la adversidad que caracterizó a la época.

En 1588, **Felipe II** de España, movido por motivos religiosos y políticos, decidió enviar una gran flota, conocida como la Armada Invencible, para invadir Inglaterra. La expedición, una de las más grandes de la historia naval hasta ese momento, tenía como objetivo derrocar a la reina **Isabel I** y restaurar el catolicismo en Inglaterra. Sin embargo, la empresa no fue como se esperaba.

La Armada, compuesta por unos 130 barcos y 30,000 hombres, se enfrentó a múltiples dificultades, desde mal tiempo hasta tácticas navales inglesas superiores, lo que resultó en una catastrófica derrota para los españoles. La flota fue severamente dañada, y muchos barcos se perdieron, ya fuera en batalla o debido a las tormentas que azotaron a los barcos en su intento de regresar a España navegando al norte de las Islas Británicas.

La Armada no resultó tan fiera como la pintaban

A su regreso a España, el desastre de la Armada Invencible se vio como una humillación nacional y un golpe duro al orgullo español. Fue en este contexto de reflexión y búsqueda de consuelo ante la pérdida que surgió la frase "más vale honra sin barcos que barcos sin honra". Esta expresión encapsula la idea de que es preferible enfrentar la derrota con dignidad y mantener los principios intactos, que alcanzar la victoria o retener posesiones materiales a costa de perder la honra y el respeto propio.

La frase refleja un profundo sentimiento de orgullo y la importancia de la honra sobre lo material, incluso en tiempos de gran adversidad y derrota. A lo largo de los años, se ha mantenido como un recordatorio del valor de la integridad y la dignidad por encima de los éxitos o fracasos temporales.

Así, lo que comenzó como una lección aprendida en uno de los momentos más difíciles para España se ha convertido en un legado perdurable sobre los valores de honor y dignidad, enseñándonos que, en última instancia, lo que perdura no son las victorias o los activos tangibles, sino el respeto por uno mismo y por los principios que definen a una persona o una nación.

Felipe III:
«Esta casa es una ruina»

Felipe III de España, también conocido como «el Pacífico», probablemente porque pasaba más tiempo pacificando su propio gobierno que haciendo cualquier otra cosa. Reinó desde 1598 hasta 1621, y si hubiese tenido un estado de Facebook, probablemente diría «En una relación complicada con Europa».

Este rey era más de delegar que un jefe de proyecto con demasiadas cosas pendientes. Dejó la mayor parte del trabajo pesado a su favorito, el **Duque de Lerma**, un tipo que manejaba el reino como si fuera su cuenta de Instagram: todo para la imagen, no tanto para la sustancia. Bajo su «gestión», el imperio se movía al ritmo de un caracol con asma, principalmente porque el Duque estaba más interesado en acumular riquezas y títulos nobiliarios como quien colecciona cromos de Pokémon.

Felipe III fue el rey del «Bueno, vamos a expulsar a los moriscos porque... no sé, es martes». Esta decisión fue más o menos como decidir tirar el motor de tu coche porque no te gusta el color. Económicamente hablando, no fue la jugada más brillante, pero, ¿quién necesita economía cuando tienes estilo y un montón de pelucas?

En su tiempo libre, que era básicamente todo el tiempo, **Felipe III** disfrutaba de cosas como cazar, coleccionar arte (porque, claramente, eso iba a solucionar todos los problemas del reino), y organizar fiestas que harían palidecer al mismísimo **Gatsby**. Era un hombre de gustos simples: si algo no podía solucionarse con una fiesta o un retrato gigantesco de él mismo, probablemente no valía la pena solucionarlo.

Bajo su reinado, el imperio español mantuvo su tradición de colonizar primero y hacer preguntas después, aunque con un poco menos de entusiasmo que sus predecesores. **Felipe III** era más de la política del avestruz: «Si no lo veo, no es mi problema».

En resumen, el reinado de **Felipe III** fue una mezcla de decisiones cuestionables, una gestión delegada un tanto desastrosa y una impresionante colección de arte que probablemente usó para decorar las infinitas salas de su palacio. Un rey que nos enseñó que, a veces, para hacer historia, basta con tener un buen ministro a mano y muchas ganas de no hacer demasiado.

La expulsión de los moriscos

La expulsión de los moriscos, ese capítulo de la historia de España que podría titularse *Cómo perder amigos e influir negativamente en la economía*, es una historia de esas que, si no fuera por sus consecuencias, podría confundirse con una comedia de errores.

Corría el inicio del siglo XVII, y **Felipe III**, el rey que se tomaba el delegar muy en serio, pensó que sería una magnífica idea darle un giro de tuerca a su reino. «¿Y si limpiamos el reino de moriscos?», sugirió alguien en una reunión, probablemente mientras buscaba algo en el fondo de una caja de *Ideas para mejorar el reino sin realmente mejorar nada*.

Los moriscos, antiguos musulmanes convertidos al cristianismo (a menudo bajo la sutil persuasión de «conviértete o plomo»), habían estado integrados en la sociedad española durante generaciones. Eran agricultores, comerciantes, artesanos... Vamos, que si había alguien haciendo algo productivo en España, probablemente era un morisco.

Pronto se vería que expulsar a los moriscos de la huerta valenciana no había sido tan buena idea.

Pero, claro, la monarquía española, en su infinita sabiduría, decidió que el reino estaría mucho mejor sin ellos. «¿Economía floreciente? ¿Diversidad cultural? ¿Innovación agrícola? ¡Bah, quién necesita eso!», debieron pensar.

Así que, en 1609, empezó el proceso de expulsión. **Felipe,** asesorado por su consejero de confianza, el **Duque de Lerma** (un hombre que probablemente tenía «tomar malas decisiones» como hobby), decidió que era el momento perfecto para un poco de limpieza étnica. Era como una mudanza, pero en vez de llevar tus cosas a una casa nueva, te llevabas a ti mismo fuera del país. Los moriscos fueron forzados a dejar sus hogares, tierras y, en muchos casos, a miembros de sus familias, porque nada grita tanto «gestión eficiente del reino» como deshacerse de una parte significativa de tu población.

El plan tenía un pequeño defecto: nadie había considerado realmente qué pasaría con las regiones que dependían económicamente de la mano de obra y el comercio morisco. La economía se vio tan afectada que incluso el PIB del reino se encogió de hombros y dijo: «Yo también me voy».

En resumen, la expulsión de los moriscos fue una de esas ideas que, en retrospectiva, probablemente hizo que más de un consejero real se rascara la cabeza y murmurara: «Quizás eso de juzgar a la gente por su origen no era tan buena idea después de todo». Y así, con un adiós a la diversidad y un golpe a la economía, España cerró un capítulo de su historia con la elegancia de un elefante en una tienda de porcelana.

QUÉ PAÍS, QUÉ PAISAJE... ¡QUÉ PAISANAJE!

Siglos XVI-XVII

Los literatos del Siglo de Oro español: una mirada entre bambalinas

En una era donde el arte fluía tan libremente como el vino en las tabernas, el Siglo de Oro español se erigió como el escenario de algunos de los dramaturgos, poetas y novelistas más célebres de la historia. Sin embargo, detrás de cada obra maestra, se esconden anécdotas que revelan que estos titanes de la literatura eran tan humanos como el resto de nosotros, quizás incluso más.

Cervantes: El Manco de Lepanto... y de la Ironía

Miguel de Cervantes, *conocido afectuosamente como «el manco de Lepanto», no solo perdía batallas contra los otomanos, sino también contra los editores. Su obra magna, Don Quijote de la Mancha, es a menudo citada como la primera novela moderna y una obra maestra de la literatura mundial. Lo que no se dice tanto es que* **Cervantes** *la escribió principalmente para burlarse de los libros de caballerías, solo para encontrarse con que su creación se convertiría en el modelo a seguir por futuras generaciones de literatos serios. Oh, la ironía.*

Lope de Vega: El Playboy de las Letras

Lope de Vega, con una capacidad para escribir versos tan prolífica como su habilidad para conquistar corazones, fue el **Casanova** de la literatura española. Se rumorea que **Lope** escribía sonetos con la misma rapidez con la que enamoraba a las damas, lo cual explicaría por qué produjo más de 1.500 obras teatrales. Algunos dicen que cada vez que **Lope** perdía un amor, ganaba un drama nuevo. Si eso no es reciclar el dolor, no sabemos qué lo sea.

Quevedo: El Sarcasmo Hecho Persona

Francisco de Quevedo, el maestro del sarcasmo y rival literario de **Góngora**, era conocido por su ingenio cortante y su capacidad para insultar con tal elegancia que sus víctimas tardaban horas en darse cuenta. Se cuenta que **Quevedo** diseñaba sus sonetos como si fueran espadas, listos para el duelo intelectual. No obstante, su verdadera maestría residía en su habilidad para vestirse de tal manera que incluso el más *apuesto de los cortesanos pareciera un desaliñado campesino a su lado. Su moda era su armadura, y su pluma, su espada.*

Góngora: El Poeta Que Amaba Demasiado las Metáforas

Luis de Góngora, *el archienemigo literario de* **Quevedo**, *fue el rey indiscutible de la culteranidad, un estilo literario tan recargado que incluso necesitabas un diccionario para entender los insultos.* **Góngora** *amaba las metáforas tanto como a* **Quevedo** *le gustaba burlarse de ellas. Si la brevedad es el alma del ingenio,* **Góngora** *era un alma perdida, vagando en busca de la próxima metáfora con la que pudiera complicar aún más sus poemas.*

Tirso de Molina: El Creador de Don Juan, el Feminista Reluctante

Tirso de Molina, *el creador* **de Don Juan**, *probablemente no se imaginaba que su seductor personaje se convertiría en el arquetipo del chico malo por excelencia. Curiosamente, las obras de* **Tirso** *ofrecían a menudo perspectivas sorprendentemente progresistas sobre las mujeres para su época, un hecho que sorprendería a más de uno si consideramos que su personaje más famoso pasó a la posteridad por todo lo contrario.*

*Quizás **Tirso** fue el primer feminista entre líneas de la literatura española, aunque no por voluntad propia.*

En conclusión, los literatos del Siglo de Oro español eran un grupo de individuos excepcionalmente talentosos, cuyas vidas estaban llenas de ironías, drama y, sí, también un buen sentido del humor. A través de sus conflictos y contradicciones, nos regalaron algunas de las obras más perdurables  *de la literatura, demostrando que incluso los gigantes de las letras eran tan humanos como cualquiera de nosotros. Y quizás, en esa humanidad compartida, radica el verdadero genio de su arte.*

Felipe IV:
«Aquí no hay quien viva»

Felipe IV, también conocido como «El Grande», aunque algunos dirían que «El No Tan Atento», fue rey de España en una época en que el imperio español tenía tantas tierras que, si creyeras los mapas, prácticamente necesitabas pasaporte para dar un paseo por el jardín. Su reinado, que duró de 1621 a 1665, fue tan largo que incluso los más leales cortesanos necesitaban un recordatorio de quién estaba al mando.

Felipe IV heredó un imperio donde el sol nunca se ponía, principalmente porque estaba demasiado endeudado para pagar la factura de la luz. Bajo su «vigilante» ojo, España vivió uno de sus períodos más «interesantes», y ya sabes lo que dicen sobre vivir en tiempos interesantes: es una excelente oportunidad para los comediantes.

Con la ayuda de su mano derecha, el **Conde-Duque de Olivares**, **Felipe** trató de mantener a flote un imperio que hacía agua por todas partes. **Olivares** era el tipo de asesor que decía, «No te preocupes, puedo solucionarlo», mientras el barco se hundía, el tesoro estaba vacío, y los rebeldes llamaban a la puerta. Juntos, formaron el dúo dinámico de la gestión de crisis del siglo XVII.

Uno de los *hobbies* favoritos de **Felipe IV** era coleccionar arte, y no cualquier arte: estamos hablando de **Velázquez, Rubens,** y otros artistas cuyos nombres hoy en día adornan las salas de los museos y hacen que los estudiantes de arte suspiren en exámenes. De hecho, **Velázquez** pintó tantos retratos del rey que, si pudiesen cobrar vida, probablemente harían una excelente compañía de teatro.

Pero no todo era arte y desfase en el reinado de **Felipe**. También había guerras, muchas guerras. La Guerra de los Treinta Años, la rebelión de Cataluña, la independencia de Portugal... Digamos que **Felipe** tenía el don de hacer enemigos incluso mejor que de coleccionar pinturas.

Las Guerras de Felipe IV: «Cómo no ganar amigos ni influir en las personas»

En un conocido episodio de la historia llamado «Las guerras de **Felipe IV**», **Felipe**, nuestro protagonista, decide que lo que realmente necesita su reinado es un poco más de drama. Porque, claro, gobernar el vasto imperio español con su colección de conflictos internos, crisis económicas y problemas diplomáticos no era suficiente entretenimiento.

❖ *Acto I: La Guerra de los Treinta Años*
   La Fiesta que nunca rermina
   Nuestro querido **Felipe** entra en escena, heredando una guerra que era básicamente la serie original de Netflix de la época: la Guerra de los Treinta Años. Un conflicto que empezó como una pequeña disputa religiosa y terminó siendo el *crossover* más ambicioso de la historia, con cameos de casi toda Europa. **Felipe**, no queriendo ser menos, decidió contribuir al drama, mostrando el tipo de compromiso que normalmente reservarías para una maratón de series, no para una guerra real.

❖ *Acto II: La rebelión de Cataluña - El* **spin-off** *que nadie pidió*
Como si no tuviera suficiente con una guerra, **Felipe** encuentra tiempo para un *spin-off*: la Rebelión de Cataluña. Una serie de malentendidos, tasas excesivas y un *casting* de nobles descontentos desencadenan esta joyita de la historia. Imagínalo como una pelea familiar en una boda, pero en lugar de lanzarse tarta, se lanzan ejércitos.

Felipe IV se tuvo que despedir de Portugal

❖ *Acto III: La Independencia de Portugal*
El episodio de recuperación
Y cuando pensabas que **Felipe** podría tomarse un respiro, llega la Independencia de Portugal. Portugal, sintiéndose el personaje secundario que merece ser protagonista, decide que es hora de abandonar el *spin-off* español. **Felipe**, en un giro argumental visto venir por todos menos por él, pierde

un reino entero. Un recordatorio de que, en el juego de tronos de la vida, a veces literalmente pierdes parte de tu reino.

❖ *Epílogo: Un legado de... ¿éxito?*

Felipe IV, con su afición por coleccionar guerras como si fueran ediciones limitadas de cromos, nos enseña una lección importante: en la gestión de imperios, menos es más. Mientras él se ocupaba de sus guerras, el imperio se desmoronaba como un castillo de naipes en un día ventoso.

Así, «Las guerras de **Felipe IV**» se convirtieron en una saga épica de cómo intentar expandir tu influencia solo para acabar expandiendo tu lista de problemas. **Felipe** dejó un legado que todos recordaríamos... principalmente como un excelente material para los historiadores que, siglos después, buscan darle un giro cómico a las desventuras de la monarquía.

QUÉ PAÍS, QUÉ PAISAJE... ¡QUÉ PAISANAJE!

La Leyenda Negra Española

La "Leyenda Negra Española" es ese momento épico de la historia donde España se convirtió, sin quererlo, en el villano favorito de Europa, mucho antes de que existieran los cómics. Piénsalo como la primera campaña de relaciones públicas fallida a escala continental.

En una época donde la mayor parte de la información cruzaba fronteras más lentamente que un caracol reumático, algunos rivales de España pensaron: "¿Y si pintamos a España como el Darth Vader del Renacimiento?". Y vaya si lo lograron. España,

Durante muchos siglos, los españoles fueron "el villano perfecto"

con su imperio en el que nunca se ponía el sol (principalmente porque el sol no quería ser testigo de lo que allí ocurría), fue retratada como la nación que llevaba la opresión y la maldad en su ADN, todo mientras intentaba simplemente hacer amigos y comerciar un poquito de oro y plata.

Ahora, no es que España no hiciera nada para ganarse esta fama. Entre la Inquisición, que era básicamente la versión antigua de cancelar gente pero con menos Twitter y más fuego, y su entusiasmo por conquistar tierras con la sutilidad de un elefante en una tienda de porcelana, digamos que no se esforzaban precisamente en ser los buenos de la historia.

Pero la "Leyenda Negra" fue como el primer meme viral de la historia, solo que en lugar de gatos haciendo cosas graciosas, eran historias de españoles siendo excepcionalmente crueles. Y como todos sabemos, una buena historia de villanía tiene más vida que las malas hierbas en el jardín de tu abuela.

Así que, mientras los españoles intentaban decir "No, en serio, no somos tan malos", el resto de Europa estaba demasiado ocupado pasando el último chisme sobre las maldades españolas. "¿Has oído lo último de los españoles? Ahora dicen que no solo se llevan el oro, sino que también arruinan las fiestas locales".

En conclusión, la "Leyenda Negra" es el recordatorio perfecto de que en la historia, al igual que en internet, no siempre debes creer todo lo que escuchas... a menos que sea divertido o dramáticamente trágico. En ese caso, probablemente se convierta en un episodio de tu serie de historia favorita.

Carlos II: El emperador de los despropósitos

En el rico tapiz de la historia española, **Carlos II** se destaca no tanto por sus logros, sino por su impresionante colección de desventuras, lo que lo convierte en el protagonista perfecto para una comedia de errores histórica. Conocido afectuosamente como «El Hechizado», debido a la creencia popular de que su salud y su reinado estaban bajo un maleficio, **Carlos** llegó al mundo listo para asumir el manto de «El Rey que Realmente Necesitaba un Descanso».

Desde su nacimiento en 1661, **Carlos** fue el póster viviente de lo que pasa cuando la realeza decide que la diversidad genética es más una sugerencia que una necesidad. Gracias a un árbol genealógico que era más un círculo, **Carlos** sufrió de tal variedad de enfermedades que su médico de cabecera probablemente necesitaba un índice alfabético solo para llevar la cuenta.

❖ *Un reinado con menos brillo que un candelabro sin velas*
Cuando **Carlos** asumió el trono, España esperaba un líder que restaurara la gloria de sus días dorados. Lo que obtuvo, sin embargo, fue más bien un episodio de «Reyes por Accidente». Su reinado estuvo marcado por una combinación de mala salud, decisiones políticas cuestionables y una corte que giraba más que una puerta de hotel.

Carlos II fue tan efectivo gobernando como un gato lo sería administrando una pescadería. La economía se tambaleaba, el imperio se desmoronaba y los enemigos de España básicamente hacían fila para aprovecharse de la situación, como clientes en rebajas de *Black Friday*.

❖ *La diplomacia según Carlos II: un enredo digno de sitcom*
En el frente diplomático, **Carlos** tenía la sutileza de un elefante en una tienda de porcelana. Sus intentos de alianzas y tratados a menudo terminaban en malentendidos que podrían haber sido episodios de *Three's Company*. Bajo su liderazgo, España se vio envuelta en conflictos que variaban desde lo absurdo hasta lo totalmente evitable.

❖ *El legado de un rey que necesitaba GPS*
para recorrer su propio palacio
Al final, **Carlos II** pasó a la historia no por las batallas ganadas o los territorios conquistados, sino por su testamento, un documento que encendió la chispa de la Guerra de Sucesión Española. En un último acto de confusión administrativa, dejó el trono a los Borbones, probablemente porque «Borbón» sonaba bien y, a esas alturas, ¿por qué no?

Su muerte marcó el fin de la Casa de Habsburgo en España, y muchos suspiraron aliviados, probablemente imaginando que las cosas solo podrían mejorar. **Carlos II** es recordado no solo como «El Hechizado», sino como el rey bajo cuyo reinado España necesitó desesperadamente una barra de búsqueda para encontrar su camino de regreso a la relevancia.

En retrospectiva, el reinado de **Carlos II** se podría ver como una lección valiosa en lo que no hacer cuando diriges un imperio, presentado en un formato de telenovela que ni el más creativo guionista podría inventar.

Un balance de los Austrias: Cuando tu árbol genealógico se convierte en un círculo

El reinado de los Austrias, esa dinastía de reyes españoles que gobernó con una mezcla de grandiosidad imperial y decisiones que harían dudar a un niño de cinco años, es una época dorada de anécdotas que ningún historiador con sentido del humor podría ignorar.

Todo comenzó con **Felipe el Hermoso**, que, a pesar de su nombre, dejó un legado que fue menos sobre *looks* y más sobre complicar el linaje real hasta niveles que harían llorar a un genetista. Su matrimonio con **Juana I** de Castilla no solo fue el inicio romántico de la saga de los Austrias, sino también de una serie de decisiones matrimoniales que hoy harían saltar todas las alarmas de cualquier app de citas por parentesco cercano.

Luego llegó **Carlos I**, un hombre que llevó la multitarea a niveles nunca antes vistos, acumulando títulos como quien colecciona cromos. Bajo su mandato, el imperio español se extendió por el globo, en un claro caso de «ojos más grandes que el estómago», pues administrar tal extensión de territorio resultó ser tan fácil como hacer malabares con espadas. Su amor por las guerras y la expansión territorial solo fue superado por su pasión por la jubilación temprana, algo que sin duda no nos podemos permitir todos.

Felipe II tomó el relevo y decidió que lo suyo iba a ser el papeleo. Amante de la burocracia, gobernó con un enfoque que podría describirse como «si no está en un documento, no existe». Su dedicación a mantener el imperio unido fue admirable, aunque sus métodos dejaron a España en un estado financiero que incluso las tiendas de todo a cien considerarían preocupante.

Árbol genealógico de los Austrias

Su hijo **Felipe III**, por otro lado, optó por una estrategia de gestión innovadora: no hacer absolutamente nada él mismo. Prefirió delegar sus responsabilidades en favoritos, lo que resultó ser tan efectivo como intentar solucionar una inundación con un cubo. Su reinado fue un testimonio de que, a veces, menos es definitivamente menos.

Felipe IV y Carlos II cerraron la fiesta de los Austrias con broche de oro, demostrando que se puede gobernar un imperio con una mezcla de drama personal y decisiones políticas que harían palidecer al más audaz jugador de Jenga. Bajo su tutela, el imperio experimentó el tipo de caída dramática que normalmente requiere una banda sonora orquestal de fondo. Así que ahí lo tienes, el reinado de los Austrias: una épica saga de poder, amor, decisiones cuestionables y una inclinación por los matrimonios entre familiares que haría que cualquier reunión familiar moderna parezca un tranquilo picnic. Nos enseñaron que gobernar un imperio no es tarea fácil, especialmente cuando tu estrategia de conservación del poder parece sacada de un Juego de Tronos muy mal asesorado. Pero, hey, al menos nos dejaron historias que nos han mantenido entretenidos durante siglos.

TERCERA PARTE

LA ESPAÑA BORBÓNICA

La Guerra de Sucesión: «Juego de tronos»

Ah, la Guerra de Sucesión Española, ese pintoresco episodio de la historia europea que se podría titular *¿Quién quiere ser monarca de España?*

Todo comenzó a finales del siglo XVII, cuando **Carlos II** de España, también conocido en los círculos íntimos como "el Hechizado" (porque, claramente, como ya hemos dicho, su salud y su árbol genealógico no sugerían nada bueno), se encontraba en su lecho de muerte sin descendencia que heredase el trono. En un giro inesperado de eventos, el testamento de **Carlos** dejaba el trono a **Felipe de Anjou**, nieto del rey de Francia **Luis XIV**, también conocido como «el Rey Sol» (porque, aparentemente, todo giraba a su alrededor).

Lo que siguió fue esencialmente una versión del siglo XVIII de «Juego de Tronos», con menos dragones y más pelucas. Inglaterra, Austria, y los Países Bajos, viendo cómo Francia extendía su influjo sobre España, dijeron: «Pues, no». Y así, como quien no quiere la cosa, Europa se vio envuelta en una guerra que duraría 13 años.

La ironía del asunto es que la guerra, en teoría, era por el trono de España, pero terminó siendo un poco más sobre quién tenía la mayor influencia en Europa. Mientras tanto, España se convirtió en el campo de batalla de Europa, porque, por supuesto, si vas a tener una guerra, mejor en casa del vecino.

El conflicto finalmente se resolvió con el Tratado de Utrecht en 1713, que es básicamente el equivalente diplomático de decir «bueno, chicos, ¿qué tal si todos conseguimos algo y lo dejamos estar?». **Felipe de Anjou** se quedó como **Felipe V** de España, pero tuvo que renunciar a sus derechos al trono francés para evitar que toda Europa se gobernara desde Versalles. Austria se llevó territorios como los Países Bajos españoles, Nápoles, Milán y Cerdeña, porque, ¿por qué no? Mientras que Inglaterra se aseguró Gibraltar y Menorca, además de obtener derechos comerciales privilegiados que básicamente decían «podemos comerciar con tus colonias, aunque no te guste».

Felipe V y el Archiduque Carlos se enfrentaron en singular duelo por el trono español

Así, la Guerra de Sucesión Española se resolvió felizmente para casi todos (excepto para España, que quedó exhausta y con menos territorios). Y así todos vivieron felices y en paz... hasta la siguiente guerra europea, claro está. Porque si algo nos enseña la historia, es que siempre hay una próxima vez.

Los «Decretos de Nueva Planta»: Nouvelle cuisine *francesa* para una nueva España

Los Decretos de Nueva Planta, o cómo modernizar un país a golpe de decreto mientras pisoteas las tradiciones locales, es una de esas historias que te hacen preguntarte, «¿Qué podría salir mal?». Después de que **Felipe V**, ese nieto de **Luis XIV** que se convirtió en rey de España gracias al emocionante episodio conocido como la Guerra de Sucesión Española, decidiera que lo que realmente necesitaba España era un poco más de *nouvelle cuisine* francesa en su dieta.

Felipe, después de asegurarse de que la corona española se quedaba bien puesta sobre su cabeza, pensó: «¿Y si hago de España un mini Francia?». Así, con la delicadeza de un elefante en una tienda de porcelana, procedió a aplicar los Decretos de Nueva Planta entre 1707 y 1716, que básicamente decían: «A partir de ahora, vamos a hacer las cosas a la manera Borbón, ¿vale?». Esto significaba centralización del poder, leyes uniformes para todos (bueno, principalmente para los territorios que habían apoyado al otro bando durante la guerra), y un adiós muy sentimental a las leyes, instituciones y privilegios históricos de estos reinos, especialmente en la Corona de Aragón.

Lo irónico del asunto es que **Felipe V** vendió estos decretos como un plan de modernización. «Vamos a unificar y simplificar todo», dijo, mientras algunos de sus nuevos súbditos pensaban: «Pero si a nosotros nos iba bastante bien con nuestro sistema». Sin embargo, la idea era hacer de España un estado más moderno y centralizado, aunque eso significara ignorar siglos de historia y tradiciones locales que daban color y diversidad al país.

Así, con un firme golpe de pluma, **Felipe V** transformó el panorama político de España, haciendo que todo fuera más... Borbónico. Porque, evidentemente, la mejor manera de ganarte el corazón de tus nuevos súbditos es decirles que todo lo que conocen y aprecian está sobrevalorado y necesita un *update*.

Los Decretos de Nueva Planta son un recordatorio fascinante de que, a veces, la historia es escrita por aquellos que tienen el poder de reescribir las reglas. Y aunque estos decretos ayudaron a sentar las bases para un estado español más centralizado, también nos dejan preguntándonos qué se perdió en el proceso. Al final, la lección aquí podría ser: «Si vas a modernizar un país, quizás empieza por no pisotear las identidades locales». Pero, ¿qué sabemos? Así fue la historia y así se la hemos contado.

Luís XIV cocinó una nueva España
a la medida de su nieto Felipe V

El reinado de Felipe V: «España es una y no cincuenta y una»

Felipe V, el primer Borbón en el trono español, fue un monarca que no solo heredó la corona, sino también el dramatismo de una telenovela francesa. Imagínate a un joven que preferiría estar cazando o paseando por Versalles que gobernando un imperio donde, supuestamente, nunca se ponía el sol (aunque, a menudo, en España, parecía que ni siquiera se hubiera levantado).

Felipe llegó a España con la Guerra de Sucesión bajo el brazo, como quien trae una botella de vino a una fiesta, solo que esta «fiesta» duró 13 años y dejó al país con una resaca monumental. Y una vez que se calmaron las cosas, pensó:

—¿Qué mejor manera de unir a mi nuevo reino que haciendo que todos sigan las reglas de Francia?

Así nacieron los Decretos de Nueva Planta, que podríamos considerar su intento de instalar el sistema operativo *Absolutismo Borbónico 1.0* en España.

Bajo su reinado, España experimentó lo que podríamos llamar un «renacimiento» (si por renacimiento entendemos intentar convertir a España en la sombra de Francia). **Felipe V** no solo se dedicó a la tarea de remodelar el país a imagen y semejanza de su querida Francia, sino que también nos regaló la Real Academia Española, porque, claro, si vas a reinventar un país, más vale que todos se pongan de acuerdo en cómo se escribe.

Felipe V recordando su París natal

Pero no todo fue trabajo y no juego para **Felipe**. Tenía un lado melancólico, un aire de tristeza digno de un héroe de novela romántica, que lo llevaba a retirarse a sus aposentos para escuchar música triste (Spotify versión siglo XVIII) y meditar sobre la fragilidad de la vida. Bueno, eso, y también su tendencia a sufrir de una depresión que lo hacía querer abdicar cada dos por tres, solo para que su esposa, **Isabel de Farnesio,** lo convenciera de volver al trono como quien convence a un niño de que vuelva a la fiesta de cumpleaños después de un berrinche.

En resumen, el reinado de **Felipe V** fue una montaña rusa de reformas, melancolía y un afán de convertir a España en el pequeño Versalles del sur. Aunque su legado es mixto, una cosa es segura: su reinado fue cualquier cosa menos aburrido. Bienvenidos a la era de los Borbones, donde las reglas son francesas, la depresión es real, y todo es un asunto de familia.

Fernando VI:
Buscando el «we time»

Después de **Felipe V**, el trono de España fue heredado por su hijo, **Fernando VI**. Fernando VI, también conocido como el «Prudente» o el «Justo», reinó desde 1746 hasta su muerte en 1759. A diferencia de su padre, **Fernando VI** adoptó una política exterior más pacífica, evitando involucrarse en conflictos europeos y concentrándose en mejorar la administración interna del país y promover el desarrollo económico. Su reinado se caracteriza por ser una época de relativa calma y estabilidad para España, en contraste con los turbulentos periodos que lo precedieron y sucedieron.

Fernando VI decidió que después de tanta fiesta bélica europea, lo que realmente necesitaba España era un poco de *we time*. Así, mientras el resto de Europa seguía intercambiando territorios como si fueran cromos, **Fernando** se centraba en asuntos internos, probablemente bajo el lema *Make Spain nice again*. A fin de cuentas, ¿quién necesita la gloria de las batallas cuando puedes tener reformas administrativas y económicas?

Bajo su mando, España experimentó una era de tranquilidad casi desconcertante. Imagínate a **Fernando**, evitando conflictos internacionales como quien esquiva invitaciones no deseadas a eventos sociales, mientras se sumerge en la tarea de mejorar la infraestructura y promover el arte y la cultura.

—¿Guerras? No, gracias, aquí estamos intentando fomentar la paz y la prosperidad —, debió pensar.

Fernando VI disfrutando de su tiempo como Rey

A **Fernando VI** también se le recuerda por su interés en las artes y la música, un *hobby* bastante refrescante comparado con los pasatiempos de otros monarcas."

—¿Conquistar nuevos territorios? Eso es tan siglo XVI. Mejor vamos a organizar un concierto.

En resumen, el reinado de **Fernando VI** fue como una pausa para tomar aire en medio de la perpetua maratón de drama europeo, demostrando que a veces, no hacer mucho puede ser exactamente lo que se necesita. Después de todo, en una época donde ser rey solía significar expandir fronteras o reprimir revueltas, **Fernando** optó por la revolucionaria estrategia de... relajarse y mejorar las cosas en casa. Quizás no sea el material de leyenda, pero definitivamente es digno de un aplauso.

Carlos III:
«El mejor alcalde, el rey»

Carlos III, el *influencer* de la Ilustración española, tomó el trono con una lista de reformas más larga que la cola para comprar el último iPhone en su lanzamiento. Este monarca, con su afición por las pelucas voluminosas y el gusto refinado, decidió que era hora de darle a España un *makeover* digno de programa de televisión de cambio radical.

Imaginemos a **Carlos III** desplazándose por su *feed* de iluminados pensadores europeos, diciendo:

—Hmm, ¿limpieza urbana? ¡*Swipe up*!

—¿Expulsión de jesuitas? Doble *tap*.

—¿Reforma educativa? Guardar en Colección.

Así, poco a poco, fue construyendo su tablero de inspiración para la España del siglo XVIII.

En su cruzada por modernizar el país, **Carlos** no se detuvo ante nada. Instauró el sistema «Iluminemos España», no solo en sentido figurado a través de la educación, sino literalmente, haciendo de las calles un lugar donde ya no necesitabas una antorcha para ver por dónde caminabas de noche. Y en cuanto a la limpieza, introdujo un concepto revolucionario: las aceras no son vertederos. Quién lo diría, ¿verdad?

Pero **Carlos III** no era solo un amante del urbanismo *chic* y las políticas de bienestar social. No, señor. Era también un fanático de la ciencia y la cultura, con un corazón tan grande para los avances y las reformas como el espacio que ocupaba su peluca en un carruaje. Llevó a España al frente de la vacunación contra la viruela, probablemente con el eslogan «Ponte guapo, di no a la viruela"».

A **Carlos** le encantaba tanto ordenar cosas, que incluso reorganizó la administración del país. Imagínalo, un sábado por la noche, con sus pantuflas y su peluca menos formal, repasando los archivos del reino y diciendo: «Esto no tiene ningún sentido. ¿Quién organizó esto, un bando de loros?». Y así, con la determinación de quien ordena un armario después de ver un maratón de **Marie Kondo**, se puso manos a la obra.

No podemos olvidarnos de su movida más audaz: mandar a los jesuitas a hacer las maletas. Con un «Hasta la vista, *baby*», los expulsó del país, probablemente mientras soltaba el micrófono y se ajustaba la peluca.

En resumen, **Carlos III** fue el rey que miró a España y dijo:

—Esto necesita un cambio de imagen, y yo tengo justo el Pinterest para ello.

Y vaya si lo intentó. Entre sus políticas de limpieza, sus proyectos iluminados y su afán reformista, **Carlos III** no solo dejó a España con un aspecto fresco y moderno, sino

Para los estándares de la época, Carlos III fue un rey muy moderno.

que también se ganó un lugar en el chat grupal de los mejores monarcas reformistas de la historia. ¡*Chapeau*, Carlos, *chapeau*!

QUÉ PAÍS, QUÉ PAISAJE... ¡QUÉ PAISANAJE!

Año 1766

El motín de Esquilache: Un país «de capa caída»

El «Motín de Esquilache» es uno de esos episodios de la historia de España que te hacen pensar: «¿En serio? ¿Todo eso por un sombrero y una capa?» Pero vayamos por partes, porque esta historia tiene miga, capa y sombrero.

Allá por 1766, el **Marqués de Esquilache***, un italiano que había llegado a España con su maleta llena de reformas y buenas intenciones (como reducir el precio del pan, que no es poca cosa), tuvo una idea brillante:*

—Vamos a modernizar este país de capa y espada empezando, precisamente, por quitar las capas largas y los sombreros de ala ancha —dijo.

Su lógica era impecable, al menos en su cabeza: esas prendas facilitaban el anonimato y el porte de armas, y estaban detrás de todo tipo de fechorías.

La población madrileña, que hasta entonces se preocupaba más por si el churro se mojaba demasiado en el chocolate, se encontró de repente con que le querían cambiar el armario entero. Y claro, se armó la marimorena. No es que fueran especialmente fans de la moda de la época, pero eso de que un italiano les viniera a decir cómo tenían que vestirse no les sentó nada bien.

—¿Que me quite mi capa? ¡Anda y que te pique un pollo! —contestaron.

La chispa prendió cuando una mujer, hartísima de que le pidieran la documentación por llevar capa (un precursor muy lejano del control de identidad), montó en cólera y empezó a gritar en plena calle. La gente se agolpó, y en cuestión de horas, Madrid era un hervidero de gente enfadada, que no sabía muy bien por qué estaba enfadada, pero que se sumaba a la fiesta del enfado.

Carlos III, *el rey, que hasta entonces estaba más preocupado por sus colecciones de arte que por la moda de sus súbditos, tuvo que enfrentarse a una revuelta que no entendía muy bien. «¿Todo esto por unas capas y unos sombreros?», debió pensar mientras miraba por la ventana del Palacio Real, viendo cómo la ciudad se convertía en un caos.*

La indumentaria de la época favorecía a todo tipo de maleantes

Al final, como en toda buena comedia, hubo que buscar un arreglo. **Esquilache**, *el pobre, tuvo que hacer las maletas (esta vez para marcharse) y* **Carlos III** *tuvo que ceder, permitiendo que la gente volviera a sus capas y sombreros de ala ancha. La moral de la historia: nunca subestimes el apego de la gente a su vestimenta, especialmente si incluye capas. Y así, el Motín de Esquilache pasó a la historia, recordándonos que a veces los grandes conflictos tienen los orígenes más insólitos.*

El reinado de Carlos IV: Sombras y... más sombras

Carlos IV de España, el rey que probablemente deseó haberse quedado como duque de algo pequeñito y manejable, en lugar de heredar un país con más drama que una telenovela de horario estelar. Su reinado fue un carrusel emocional no solo para él, sino para toda España, un periodo marcado por la confusión, los chismes de palacio, y una invasión francesa que nadie vio venir (o tal vez no quisieron ver).

Imaginémonos a **Carlos IV** como el *influencer* de una era donde las redes sociales eran pasillos de palacio y las noticias *fake*, proclamas reales. Rodeado de asesores que le susurraban ideas «brillantes» a sus oídos, **Carlos** intentó navegar las turbulentas aguas de la política con la destreza de un patito de goma en el océano. Y ahí, en el centro del drama, estaba su *BFF*, **Manuel Godoy**, el primer ministro cuya influencia en el rey era tan grande que la gente empezó a preguntarse quién llevaba realmente la corona.

Pero hablemos del *crossover* más inesperado de la historia: España y **Napoleón**. En un giro digno de un episodio de «Juego de Tronos», **Napoleón** decide que sería divertido tener un poco de España para él, aprovechando la confusión reinante. **Carlos IV**, en un intento de solucionar el problema, hizo lo que cualquier buen rey haría: complicarlo todo aún más.

Y entonces llegó el Escándalo de la Escarapela, también conocido como el Motín de Aranjuez, un evento que demostró que incluso en el siglo XVIII, la gente amaba un buen drama real. Este fue el final del camino para **Godoy** y casi que para **Carlos IV**, quien decidió que abdicar era la nueva moda de la temporada.

El famoso retrato de Goya "La familia de Carlos IV"

En resumen, el mandato de **Carlos IV** podría describirse como una serie de desafortunadas decisiones, con invitados especiales como **Napoleón** y una serie de revueltas que harían palidecer a cualquier guionista de telenovelas. Todo ello aderezado con una abdicación que ni el propio **Carlos** vio venir, demostrando que, en la política como en la moda, todo vuelve: incluso los Borbones.

Las guerras de Godoy

Empecemos por el principio: **Godoy**, un tipo con más carisma que un vendedor de seguros en plena feria, logra encandilar a **Carlos IV** y, especialmente, a la reina **María Luisa**. Con tal de tener contentos a sus mecenas, **Godoy** se lanza a la política exterior como quien se lanza a la piscina... sin saber nadar. El resultado, como puedes imaginar, fue una serie de chapuzones diplomáticos y militares que dejarían a cualquiera boquiabierto.

Primero, tenemos la <u>Guerra de la Convención</u> contra la Francia revolucionaria, donde **Godoy**, intentando quedar bien con sus vecinos y al mismo tiempo no enfadar mucho a los británicos, se mete en un lío de proporciones históricas. Es como intentar bailar un vals con dos parejas al mismo tiempo: alguien acabará pisoteado. Y en este caso, fue **Godoy** quien se llevó todos los pisotones.

Luego, en un giro sorprendente digno de la mejor telenovela, **Godoy** decide que lo mejor para España es hacer las paces con Francia y enfrentarse a Gran Bretaña en la <u>Guerra de las Naranjas</u>. Sí, has oído bien: la Guerra de las Naranjas. No es que lucharan lanzándose naranjas (que ya hubiera sido bastante cómico), sino que el nombre viene de que **Godoy** quería mostrarse tan eficiente que prometió traer a la reina una ramita de naranjo como trofeo. Imagina el grupo de WhatsApp de la realeza europea:

«¿Y tú qué has conquistado, Godoy? Una ramita de naranjo».
Emojis de risa asegurados.

*"La guerra de las naranjas", una de las guerras
con un nombre más absurdo*

Como si no fuera suficiente, su brillante alianza con **Napoleón**
en la Guerra de la Independencia termina con la invasión francesa de España. Es como invitar a alguien a tu casa y que termi-
ne quitándote el sofá, la tele y, de paso, el gato. **Godoy** parece el
amigo que te dice «Te ayudo a organizar la fiesta» y acaba lla-
mando a la banda del pueblo, a tres compañías de circo y, por
alguna razón, a un elefante.

Al final, las aventuras militares de Godoy nos dejan una España revuelta, una realeza en jaque y a él, bueno, con un exilio
dorado, porque si algo tenía **Godoy** era la habilidad de caer siempre de pie. Aunque, pensándolo bien, tal vez la verdadera guerra
de **Godoy** fue la de sobrevivir a su propia leyenda. Y en esa, al
menos, podemos decir que salió victorioso.

Napoleón, un invitado muy molesto

La relación de **Napoleón** con España es uno de esos episodios de la historia que podríamos titular *Cuando tu amigo viene a quedarse el fin de semana y acaba tomando tu casa*. Napoleón, ese pequeño gigante de la política europea, pensó que sería una excelente idea extender su Airbnb imperial a la soleada España, prometiendo libertad, igualdad y fraternidad, pero olvidándose de mencionar la letra pequeña del contrato.

Carlos IV, el anfitrión involuntario, y su familia, que ya tenían suficiente drama entre ellos como para protagonizar su propio *reality show*, se encontraron en medio de un cambio de decoración estilo francés que no habían solicitado. Mientras tanto, el pueblo español, que no estaba muy contento con sus actuales inquilinos reales, pronto se dio cuenta de que cambiar a los Borbones por un Bonaparte no era precisamente el *upgrade* que esperaban.

La cosa empezó como un episodio de *Hermano Mayor*, con **Napoleón** intentando poner orden en la casa, redistribuyendo habitaciones (léase tronos) a su antojo y poniendo a su hermano **José** en la suite principal, pensando que sería bien recibido con paella y sangría. Sin embargo, los españoles, conocidos por su hospitalidad hasta que dejas de ser bienvenido, iniciaron su propia versión de *Pesadilla en la cocina*, mezclando guerrillas con un toque de resistencia que no estaba en el menú que **Napoleón** había previsto.

Lo que siguió fue una serie de eventos que podríamos llamar *Cómo no conquistar un país en 10 pasos*, protagonizada por un **Napoleón** sorprendido de que su plan de membresía *premium* imperial no tuviera tantos fans en España. Entre batallas, levantamientos y un episodio particularmente sangriento que **Goya** decidió inmortalizar porque, claramente, el drama humano es arte, España demostró que desalojar inquilinos no deseados

Retrato de José I, "Pepe Botella", hermano de Napoleón

es algo que llevan haciendo desde antes que existiera el depósito de seguridad.

En resumen, la invasión napoleónica de España fue el *reality show* no solicitado del siglo XIX, con más vueltas de guion que una temporada de *Juego de Tronos*. Y mientras **Napoleón** eventualmente tuvo que hacer el *check-out,* dejó tras de sí no sólo un país cambiado, sino también una serie de historias que harían que cualquier guionista se frotase las manos de emoción. Y así, niños, es como España dijo «Hasta luego, Lucas» al huésped que nunca quiso dejar una reseña en Airbnb.

La guerra de la Independencia: «Supervivientes» meets «Los juegos del hambre»

La Guerra de la Independencia fue una mezcla de *Los juegos del hambre* y *Supervivientes*, pero sin cámaras de televisión y con mucha más pólvora. Los españoles, en un esfuerzo por demostrar que no se necesitan uniformes elegantes para ganar una guerra, se especializaron en el arte del emboscado, el sabotaje y, en general, hacer la vida imposible a las tropas francesas con tácticas que harían palidecer a cualquier jugador de *Assassin's Creed*.

Mientras tanto, en el frente diplomático, la Junta Central Suprema, un grupo de españoles muy decididos que no tenían muy claro cómo se dirigía un país pero que tenían muchas ganas de intentarlo, se convirtió en el gobierno provisional. Su principal actividad era enviar cartas apasionadas a Gran Bretaña pidiendo ayuda, como quien manda mensajes de texto a sus amigos en medio de una crisis de las tres de la mañana.

El clímax de esta tragicomedia llegó con la Batalla de Bailén, donde los españoles, en un giro inesperado digno de una película de suspense, capturaron a un ejército francés entero, demostrando que, en efecto, tenían un plan y podían, ocasionalmente, ponerlo en práctica con éxito.

Tras años de lucha, mucha astucia y la inestimable ayuda de los británicos (que vieron una oportunidad perfecta para molestar a los franceses), España logró decir *Au revoir* a los franceses, no sin antes asegurarse de que la lección «No intentes remodelar países que no son tuyos» quedara bien aprendida.

En resumen, la Guerra de la Independencia Española fue una mezcla explosiva de patriotismo, improvisación y alianzas improbables, todo servido con una guarnición de ironía histórica. Y así, niños, es como España se aseguró de que su próxima remodelación fuera decidida por ellos mismos, preferiblemente sin la ayuda de ningún Bonaparte. Aunque quizá eso tampoco fuera tan buena idea.

QUÉ PAÍS, QUÉ PAISAJE... ¡QUÉ PAISANAJE!

Los hechos del 2 de mayo: Motivos para una festividad

El 2 de mayo de 1808, Madrid se despertó con ganas de montar una fiesta sorpresa, pero no precisamente del tipo con globos y confeti. Veamos, Napoleón, ese entusiasta remodelador de Europa, había decidido que España necesitaba un cambio de administración... y de realeza. Así que, como buen vecino que nunca pide permiso, empezó a mover los muebles, poniendo a su hermano José en el trono, porque ¿quién no quiere un poco de glamour francés en su vida?

Los madrileños, que hasta entonces habían sido espectadores de primera fila del sainete borbónico, decidieron que ya era hora de participar. Así que, cuando las tropas de Napoleón intentaron llevarse a los últimos miembros de la familia real, la ciudad dijo: «Hasta aquí podíamos llegar». Lo que siguió fue básicamente el primer flashmob de la historia, pero en vez de bailar, todos sacaron sus herramientas de trabajo, que casualmente incluían cuchillos, tenedores y alguna que otra navaja barbera, para dar la bienvenida a los franceses.

Imagínate la escena: un ejército profesional, acostumbrado a luchar en formaciones, siendo emboscado por una muchedumbre enfadada armada con lo primero que encontraron en la cocina. Es como intentar organizar una cena elegante y que tus invitados decidan que prefieren una barbacoa en el patio.

Napoleón, desde su escritorio lleno de mapas de Europa que iba coloreando como si fueran páginas de un libro infantil, probablemente se preguntaba por qué sus planes de dominación se complicaban cada vez que intentaba organizar un picnic en España.

QUÉ PAÍS, QUÉ PAISAJE... ¡QUÉ PAISANAJE!

Agustina de Aragón

Agustina de Aragón, también conocida como «La Heroína de Zaragoza» o «La Mujer que hizo "Boom"», es una de esas figuras históricas que hacen que te preguntes si la realidad no estará compitiendo con la ficción. Imagínate a una joven de Zaragoza en 1808, en pleno Sitio de Zaragoza, cuando las tropas napoleónicas pensaron que sería un buen día para intentar tomar la ciudad. Agustina, que claramente tenía otros planes, se convirtió en el símbolo viviente del «puedes quitarme mi libertad, pero jamás me quitarás mi cañón».

Dando la vuelta al cañón, Agustina dio la vuelta a la historia

*La leyenda cuenta que, mientras los defensores de Zaragoza estaban siendo superados en número y las tropas francesas se acercaban peligrosamente, **Agustina** llegó con una cesta de manzanas para alimentar a las tropas y se encontró con una escena de caos. Viendo que los soldados españoles habían caído y que un cañón, listo para disparar, estaba abandonado en la puerta del Portillo, no dijo «Ay, pues qué mala suerte», sino que pensó «Son mis quince minutos de gloria».*

*Con la determinación de quien decide enfrentarse a una horda de soldados armados hasta los dientes con nada más que pura valentía (y posiblemente una ligera falta de sentido común), **Agustina** encendió la mecha del cañón y disparó directamente contra los franceses, cambiando el curso del asedio, al menos momentáneamente. Este acto de audacia no solo detuvo a los franceses en seco sino que inspiró a los defensores de Zaragoza a seguir luchando.*

*Por esta razón, **Agustina** no solo se ganó un lugar en los libros de historia como una heroína de guerra sino también el respeto eterno de todos aquellos que valoran un buen «zasca» en momentos de crisis. Más tarde se uniría formalmente al ejército español, porque, después de todo, ¿quién mejor para luchar contra los invasores que la mujer que enfrentó a un ejército con un cañón y una cesta de manzanas?*

La primera Constitución española: La Constitución de Cádiz

La Constitución de Cádiz, también conocida como «La Pepa», porque todos sabemos que cualquier documento importante necesita un apodo cariñoso, nació en 1812 en un España que estaba más revuelta que la Tierra Media. En un momento en que España hacía malabares con una invasión francesa, una crisis de identidad y un rey cautivo que podría o no haber estado disfrutando de unas largas vacaciones cortesía de **Napoleón**, algunos españoles decidieron que era el momento perfecto para redactar una constitución.

Imagínense la escena: Cádiz, la única ciudad libre de franceses, no porque tuvieran un campo de fuerza alrededor, sino porque los franceses probablemente pensaron que hacía demasiado calor como para añadirla a su colección de *souvenirs* de España. Allí, un grupo de hombres ilustres, o simplemente los únicos que no estaban ocupados intentando no ser invadidos en ese momento, se reunieron para dar a luz a «La Pepa».

«La Pepa» fue innovadora, progresista y todo un hito... para los aproximadamente cinco minutos en que fue realmente aplicada. Promovía la soberanía nacional, la división de poderes, la libertad de imprenta (para que todos pudieran *twittear* sus pensamientos, metafóricamente hablando) y, en general, ideas que eran tan revolucionarias que **Fernando VII**, al volver al trono, decidió que lo mejor era fingir que «La Pepa» era solo una broma de muy mal gusto.

Y así, cuando **Fernando VII** regresó de su «retiro» francés, miró todo lo que había pasado, la Constitución incluida, y básicamente dijo:

—Bonito intento, pero no. ¿Democracia? ¿Igualdad? ¿Libertad? ¿En mi España? Más les vale a todos olvidarse de esos sueños locos y volver al absolutismo, que es como Dios manda.

La Constitución de Cádiz fue entonces puesta en la estantería de *epic fails* del progreso, junto a otros proyectos innovadores como el teletransporte y la dieta sin sacrificios. Se convirtió en un símbolo de lo que podría haber sido pero no fue, porque al parecer, en la España del siglo XIX, ser progresista estaba tan de moda como llevar pantalones de cintura baja en una reunión formal.

¡Viva la Pepa!

La historia de la Constitución de Cádiz es un recordatorio de que, en política, a veces das un paso adelante y luego, si alguien como **Fernando VII** está al mando, corres cinco kilómetros hacia atrás. Pero no todo fue en vano; al menos «La Pepa» nos dejó un apodo entrañable y la certeza de que, en España, incluso los documentos más solemnes necesitan ser bautizados como si fueran mascotas.

El final de las guerras napoleónicas

Entonces entra en escena un personaje secundario que nadie esperaba que tuviera tanto peso en la trama: el invierno ruso. **Napoleón,** en un giro de guion discutible, decide que sería buena idea invadir Rusia, porque, obviamente, después de tomar una parte significativa de Europa, lo que te apetece es añadir un poco de nieve al drama. Este episodio resultó ser un *epic fail* para el ejército francés, que descubre que el frío ruso no es precisamente lo que esperaban.

Mientras tanto, en España, las tropas españolas, junto con sus aliados británicos (sí, esos mismos que en otros episodios podrían haber sido antagonistas), aprovechan para cambiar las tornas. La resistencia española, que nunca dejó de ser un dolor de cabeza para los franceses, se intensifica, y el escenario está listo para el gran final.

Y aquí es donde la historia da su giro más irónico. **Napoleón,** ese maestro del campo de batalla, se ve obligado a abdicar en 1814, no porque haya sido derrotado en una gran batalla final, sino porque Europa estaba cansada de sus dramas imperiales. Es como si, después de temporadas de tensión, el villano principal se retirara porque sus vecinos se quejaron del ruido.

Así, con la abdicación de **Napoleón** y el retorno de **Fernando VII** al trono de España, la guerra llega a su fin. **Fernando VII**, conocido afectuosamente como «el Deseado» (probablemente porque todos deseaban que fuera diferente a como realmente era), promete una era de cambio y luego procede a restaurar el absolutismo, en un *plot twist* que nadie quería ni necesitaba, demostrando que, en la historia como en la televisión, algunas secuelas son totalmente innecesarias.

En resumen, la Guerra de la Independencia Española termina no con un estallido, sino con un suspiro... y un poco de confusión sobre qué acaba de pasar. Pero, como todas las buenas series, nos deja personajes memorables, lecciones importantes y la eterna pregunta de «¿Qué hubiera pasado si...?». Ah, y la certeza de que, a veces, la realidad supera a la ficción.

Un nostálgico Napoleón toma chorizo
y vino español en su retiro de Santa Helena

El reinado de Fernando VII «el Deseado»

Fernando VII, también conocido en los círculos menos reverentes como «el Deseado» (porque todo el mundo deseaba algo mejor), es el protagonista de una de las comedias de enredo menos divertidas de la historia de España. Imaginemos por un momento que España es un restaurante que busca renovarse y **Fernando VII** es el *chef* que promete llevar la cocina a nuevos horizontes culinarios... solo para revelar que su especialidad es recalentar platos del pasado.

El reinado de **Fernando VII** podría considerarse un *thriller* político si no fuera por el hecho de que los únicos escalofríos que provocó fueron de desesperación. Tras volver al trono después de que la fiesta de la independencia terminara y los invitados franceses finalmente se marcharan, **Fernando** decidió que la modernidad y las reformas eran platos demasiado picantes para su gusto.

Con una habilidad innata para decepcionar expectativas, desató la «Década Ominosa», que, a pesar de su nombre sugerente, no fue una serie de televisión de suspense, sino diez años de retroceso político que dejaron a España anhelando los buenos viejos tiempos... que, francamente, tampoco habían sido tan buenos.

Fernando VII fue ese tipo de gobernante que te hace preguntar: «¿Es un genio incomprendido o simplemente está improvisando?» Adoptó el absolutismo con la misma pasión que un niño se aferra a su mantita de seguridad, resistiéndose a cualquier forma de cambio, a menos que ese cambio implicara volver a las políticas de hace cien años.

Durante su reinado, España se vio envuelta en rebeliones, conspiraciones y un sinfín de dramas cortesanos que harían que incluso el elenco de *Juego de Tronos* pidiera un descanso por estrés. En un giro irónico del destino, el hombre apodado «el Deseado» terminó siendo menos deseado que un lunes por la mañana.

Y luego está la joya de la corona de su legado: la pérdida de casi todas las colonias americanas, en lo que él probablemente llamó «una estrategia de externalización de costes». Bajo su liderazgo, España pasó de ser un actor principal en el escenario mundial a buscar su nombre en la lista de invitados.

En resumen, el reinado de **Fernando VII** fue como una de esas fiestas que nadie recuerda haber organizado, todos desean olvidar, pero que, de alguna manera, sigue siendo tema de conversación años después. Una mezcla de decisiones cuestionables, nostalgia por un pasado glorificado y una resistencia al cambio que aseguró que, bajo su mandato, España se mantendría firme... firmemente en el pasado.

«Así se las ponían a Fernando VII»

La expresión «así se las ponían a **Fernando VII**» tiene su origen en una anécdota o leyenda que refleja de manera irónica y cómica las peculiaridades del reinado de **Fernando VII** de España, conocido por su absolutismo y por la turbulencia política que caracterizó su época. Según esta anécdota, **Fernando VII** era aficionado a la caza, pero no precisamente era el más hábil con el fusil.

Para asegurarse de que el rey se sintiera complacido (y competente), sus cortesanos se las ingeniaban para facilitarle extremadamente la tarea: colocando a las presas (normalmente, faisanes) de manera que estuvieran prácticamente al alcance de la mano del rey, o tan cerca que no pudiera fallar al disparar.

Escena de caza: «Así se las ponían a Fernando VII»

Esta historia se ha convertido en una metáfora popular para describir situaciones en las que se facilitan excesivamente las cosas a alguien, especialmente en contextos en los que se le quiere hacer creer a esa persona que está logrando algo por mérito propio, cuando en realidad todo ha sido dispuesto para asegurar su éxito sin esfuerzo alguno. Es decir, se trata de una crítica velada a la incompetencia disfrazada de eficacia, un tema que, irónicamente, encaja bastante bien con la percepción que tienen muchos historiadores sobre la gestión de **Fernando VII** como monarca.

El «epic fail» del Trienio Liberal

El Trienio Liberal (1820-1823), ese capítulo tan «tranquilo» de la historia española, donde el país experimentó con la novedosa idea de que tal vez, sólo tal vez, una constitución podría ser algo más que un papel decorativo.

Todo empezó con Rafael del Riego, un tipo que, cansado de la rutina, decidió iniciar un motín en Cabezas de San Juan. Riego, un tipo que claramente entendía cómo hacer amigos e influir en la gente, se convirtió en héroe nacional al forzar al rey **Fernando VII** a aceptar la Constitución de 1812. **Fernando**, un entusiasta de las constituciones (siempre y cuando no tuviera que seguirlas), juró fidelidad a la Carta Magna con los dedos cruzados detrás de la espalda.

Durante este periodo, llamado así por su impresionante duración de tres años enteros, España se convirtió en un laboratorio de ideas liberales. La libertad de prensa fue una novedad absoluta, lo que significaba que, por primera vez, los periódicos podían criticar al gobierno sin que sus editores terminaran haciendo turismo forzoso en las colonias. También se estableció la Milicia Nacional, una especie de club de fans de la constitución armados hasta los dientes, dispuestos a defender la libertad, o al menos a discutir acaloradamente sobre ella en las tabernas.

Por supuesto, no todos estaban contentos. La Iglesia, que consideraba que sus únicos competidores debían ser los herejes y no los políticos, no estaba muy entusiasmada con perder su influencia. Y los absolutistas, aquellos nostálgicos de los viejos tiempos donde uno no tenía que preocuparse por derechos ni elecciones, estaban más que dispuestos a recuperar su control.

La situación era tan estable como un castillo de naipes en un día ventoso. Finalmente, en 1823, los Cien Mil Hijos de San Luis, un grupo de intervencionistas franceses enviados por la Quíntuple Alianza (porque nada habla tanto de «soberanía nacional» como la intervención extranjera), decidieron que la fiesta liberal había durado suficiente. Invadieron España, reinstaura-

San Luís y sus 100.000 hijos avanzando hacia España

ron a **Fernando VII** en todo su esplendor absolutista, y el rey, en un gesto de magnanimidad, prometió olvidar todo lo ocurrido y actuar como si nada hubiera pasado, especialmente la parte donde juró la constitución.

Así, el Trienio Liberal se desvaneció en la historia, recordado cariñosamente por todos aquellos que pensaban que la política es más divertida cuando es absolutamente impredecible.

QUÉ PAÍS, QUÉ PAISAJE... ¡QUÉ PAISANAJE!

Años 1820-1823

«¡Viva la Pepa!» vs «¡Vivan las Caenas!»

Por un lado, estaban los partidarios del «¡Viva la Pepa!», quienes veían en la Constitución una oportunidad para un cambio real y un futuro más luminoso. Y luego estaban los del «¡Viva las Caenas!», que, según parece, tenían una fijación extraña con las cadenas y no estaban tan emocionados con la idea de la libertad y los derechos humanos.

Partidarios y detractores de la tortilla con y sin cebolla aprovecharon los disturbios para dirimir también sus diferencias

La batalla entre estos dos grupos fue más que una simple disputa de palabras; era una pelea entre dos visiones del mundo, entre el progreso y el conservadurismo, entre el «quiero más derechos» y el «me siento cómodo con mis cadenas, gracias». Y como en cualquier buena pelea, hubo gritos, discusiones acaloradas y probablemente algunos insultos ingeniosos.

Al final, la Pepa ganó la partida, y la Constitución de 1812 se convirtió en una realidad. Pero los del «Viva las Caenas» no se rindieron fácilmente; de hecho, su espíritu se mantuvo vivo durante mucho tiempo, recordándonos que, incluso en las mejores comedias de la historia, siempre hay un poco de drama. Y, por supuesto, una pizca de ironía.

«La década ominosa»: Un nombre molón para una década nefasta

La «Década Ominosa», que se extendió desde 1823 hasta 1833, es uno de esos capítulos de la historia de España que bien podría haber sido escrito por un dramaturgo con un gusto particular por las intrigas y los giros inesperados, si es que el dramaturgo en cuestión disfrutara de un humor bastante negro.

Todo comenzó cuando **Fernando VII**, que podría haber ganado fácilmente el concurso al «Rey Menos Liberal del Año» (si es que tal cosa existiera), decidió que la Constitución de 1812 era demasiado moderna para su gusto. ¿Libertades? ¿Una monarquía constitucional? ¡Qué ideas tan pasadas de moda! Mejor volvamos al absolutismo, que es más familiar y acogedor. Así, con la ayuda de los Cien Mil Hijos de San Luis, una especie de *Club Mediterranée* con muy poca simpatía por las revoluciones, **Fernando** reinstauró un régimen absolutista.

Durante estos años, **Fernando VII** se dedicó a perseguir liberales como si estuvieran en oferta. No había un rincón de España donde los liberales pudieran sentirse seguros. Si el rey hubiera tenido acceso a un programa de lealtad, seguramente habría acumulado suficientes puntos para canjearlos por una estadía gratuita en algún castillo sombrío.

¡Qué poco dura la felicidad en casa del liberal español!

Los liberales, por su parte, no se quedaban quietos. Intentaron varias revueltas, que si bien eran valientes, terminaban a menudo con más pena que gloria. Es como intentar hacer una paella sin arroz; simplemente falta el ingrediente principal.

En medio de este caos, España se enfrentaba a problemas económicos y conflictos en sus colonias, que decidieron que era un buen momento para luchar por su independencia. El Imperio español se estaba desmoronando, y **Fernando** probablemente deseaba que las cosas fueran tan simples como en los viejos tiempos cuando el mayor problema era decidir qué uniforme lucir para el retrato real.

Finalmente, **Fernando VII** murió en 1833, y su muerte marcó el fin de esta «alegre» etapa llamada la Década Ominosa. Le sucedió su hija , gracias a una conveniente modificación de la ley que permitía que una mujer pudiera reinar. Esto inició un nuevo capítulo en la historia de España, pero esa ya es otra historia, probablemente con su propio conjunto de dramas y carcajadas.

«María Cristina me quiere gobernar»: La Regencia

Imagínate la España de 1833, un país que, después de disfrutar del tranquilo y absolutamente incontrovertido mandato de Fernando VII (nótese el sarcasmo), se encontraba en la encrucijada de tener que lidiar con su sucesión. En este escenario entra **María Cristina de Borbón-Dos Sicilias**, esposa de **Fernando VII**, que se convierte en regente tras la muerte de su esposo porque su hija, **Isabel II**, tenía la tierna edad de tres años. Claramente, **Isabel** estaba más interesada en jugar que en gobernar un país, tarea bastante razonable para alguien de su edad.

María Cristina se encuentra de repente al mando de un país que estaba tan dividido como un pastel de cumpleaños en una fiesta infantil. Por un lado, tenemos a los carlistas, que son como esos parientes que siempre discuten en las reuniones familiares y están empeñados en que el hermano de **Fernando, Carlos**, debería ser el rey. ¿Su argumento? Un montón de reglas antiguas sobre quién debería sentarse en el trono. Por otro lado, tenemos a los liberales, que son como los amigos progresistas que siempre están intentando cambiar las cosas, insistiendo en que quizás, solo quizás, la monarquía absoluta no era la mejor idea del mundo.

Así que **María Cristina**, en un intento de calmar las aguas y posiblemente porque no quería lidiar con una guerra civil junto con las responsabilidades de ser madre soltera, decide acercarse a los liberales. Firma la «Pragmática Sanción», que era básicamente el equivalente del siglo xix a deslizar hacia la izquierda en Tinder, pero para las leyes que impedían que su hija **Isabel** se convirtiera en reina. Esto, por supuesto, no le sentó bien a los carlistas, que decidieron que era un buen momento para empezar una guerra civil, porque, ¿por qué no?

Durante su regencia, **María Cristina** se ve obligada a jugar un delicado juego de equilibrio entre mantener a los liberales contentos mientras intenta no enfadar demasiado a los conservadores, lo cual es tan fácil como hacer malabares con huevos crudos mientras bailas flamenco en una cuerda floja. Y como si eso no fuera suficientemente difícil, también tiene que lidiar con las constantes conspiraciones y revueltas, porque en esa época en España, era más probable encontrar una revuelta que un bar de tapas.

A pesar de todos estos desafíos, **María Cristina** logra mantener a su hija en el trono, lo que lleva eventualmente a la pequeña **Isabel II** a ser reina en su propio derecho. Pero no sin antes tener que abdicar en 1840, porque en este punto, incluso ella debe haber pensado que un poco de paz y tranquilidad no estaría mal.

Así, con un ingenioso equilibrio de pragmatismo y oportunismo, **María Cristina** nos enseña que la regencia en el siglo xix era tanto sobre sobrevivir a la política como era sobre gobernar un país. Y aunque su legado es mixto, una cosa es segura: nunca le faltaron aventuras ni historias para contar.

Las guerras carlistas: «Succession» a la española

Las Guerras Carlistas, ese drama que dejó a los españoles más confundidos que un gato en un laberinto. Imagina esto: España en el siglo XIX, un país que ya estaba bastante agitado con sus políticos haciendo malabares y su monarquía bailando salsa en el filo de un sable. Pero, ¡espera!, ¿qué es eso que se asoma por el horizonte? ¡Ah, sí, la primera Guerra Carlista!

Todo empezó con el deseo ardiente de tener a **Carlos María Isidro,** hermano del difunto **Fernando VII,** como rey. Pero, ¿por qué conformarse con uno cuando puedes tener dos? Ahí entra en escena **Isabel II,** la hija de **Fernando VII,** a quien algunos no estaban tan seguros de reconocer como la legítima heredera. Así que, ¿qué se hace en estas situaciones? ¡Exacto! ¡Se arman dos bandos y se empieza a lanzar de todo!

El lado carlista, liderado por **Carlos María Isidro,** decidió que era el momento perfecto para un desfile en uniformes rústicos y con una bandera que parecía haber sido diseñada por un niño de cinco años en plena fiebre de la inspiración. Y, por supuesto, no podía faltar la oposición, encabezada por **Isabel II** y sus partidarios, que estaban más decididos que nunca a demostrar quién era el jefe.

Y así comenzó el juego de tira y afloja, con batallas tan épicas como confusas, donde a menudo los soldados se perdían en el camino hacia el campo de batalla y terminaban en una fiesta de pueblo en lugar de un enfrentamiento bélico. Y mientras tanto, los españoles comunes y corrientes miraban desde la distancia preguntándose si habían tomado demasiado vino o si realmente estaban viendo a dos bandos peleándose por un trono.

Comparando Las Guerras Carlistas con *Succession*:

¡Vamos a imaginar que las Guerras Carlistas son la versión del siglo xix de *Succession*, solo que con más bigotes y menos Wi-Fi! Aquí están las razones humorísticas por las que estas guerras históricas podrían ser el equivalente a un drama de HBO sobre una disputa corporativa:

✤ *El Trono como el CEO de la época:*
   En las Guerras Carlistas, el trono de España era el cargo codiciado, más o menos como el puesto de CEO en Waystar RoyCo. **Carlos V** quería ser el jefe supremo, igual que **Kendall Roy** sueña con serlo, pero ambos enfrentan una competencia feroz dentro de su propio clan. ¿Nepotismo? ¡Por supuesto! Pero con más espadas y menos tweets.

✤ *Drama familiar al máximo:*
   Si crees que las cenas de los **Roy** son tensas, imagina una reunión familiar donde, en lugar de discutir sobre quién arruinó la última adquisición de la empresa, se pelea por quién tiene derecho a gobernar un país. Y en lugar de enviar mensajes pasivo-agresivos, se lanzan proclamas desde balcones. ¡Nada como un buen discurso inflamado para decir "Te quiero, hermano, pero el trono es mío"!

❖ *Lealtades cambiantes como los accionistas en junta:*
En *Succession*, los aliados cambian más rápido que las tendencias en Twitter. En las Guerras Carlistas, las lealtades eran igual de volátiles. Un día estás con Carlos, y al otro, te preguntas si el liberalismo tiene mejor 401(k). La política de alianzas era tan complicada que necesitarías un gráfico para seguirla, algo que probablemente también usarían en Waystar RoyCo para mantener el control de quién está con quién.

El «Abrazo de Bergara» entre Baldomero Espartero
y el carlista Rafael Maroto puso fin a la Primera Guerra Carlista

❖ *Traiciones dignas de un* cliffhanger *de temporada:*
Tanto en las Guerras Carlistas como en *Succession*, las traiciones son el pan de cada día. Piensa en ello como en un episodio especialmente jugoso donde alguien decide cambiar de bando en el último momento, cambiando completamente el rumbo de la historia. Un día eres el favorito para suceder a Logan (o al rey), y al siguiente, tu hermana menor está conspirando para enviarte al exilio.

❖ *Finale con más preguntas que respuestas:*
Al igual que cada final de temporada de *Succession* nos deja colgados preguntándonos qué pasará a continuación, las Guerras Carlistas no se resolvieron de manera simple. Con tres guerras sucesivas, cada una concluía dejando todo listo para la siguiente temporada... digo, conflicto.

❖ *Y además, ¿que quiere decir Roy sino "rey" en francés?*
Increíble, ¿no? Pero cierto, la historia y la ficción siempre se repiten.

En resumen, las Guerras Carlistas fueron como una maratón de *Succession* con un toque de drama histórico y sables en lugar de smartphones. ¡El drama familiar nunca pasa de moda, ya sea en un castillo o en una sala de juntas!

Finalmente, después de décadas de luchas, intrigas y más de un chiste sobre la eficacia de los uniformes carlistas para hacer reír a los niños, las Guerras Carlistas llegaron a su fin. Y aunque el resultado fue un poco confuso, al menos España demostró al mundo que cuando se trata de guerras civiles, nadie lo hace como los españoles.

La pérdida de las colonias americanas: «El imperio donde no se ponía el sol» tuvo que aprender a madrugar para verlo salir

Imagina por un momento que España es el dueño de una tienda de antigüedades que ha heredado un montón de piezas exóticas de todos los rincones del mundo. Pero, en lugar de cuidarlas y apreciarlas, decide que lo mejor es ponerlas en la vitrina del sol directo, ignorar a los clientes que preguntan por ellas y, de vez en cuando, olvidarse de pasarles un pañito para quitar el polvo. Este es, más o menos, el panorama de España con sus colonias americanas a finales del siglo XVIII y principios del XIX.

La cosa empezó a torcerse cuando los inquilinos de estas «antigüedades» (léase, las colonias americanas) empezaron a murmurar entre ellos.

—Oye, ¿y si en vez de ser la lámpara del rincón, nos convertimos en el escaparate principal? —, decían.

Y claro, como quien escucha llover, España no les prestó mucha atención, ocupada como estaba en sus propios líos europeos y en cómo cuadrar las cuentas del imperio, que siempre salían con números más rojos que un tomate.

Llega entonces el siglo XIX, y con él, una serie de eventos que bien podrían llamarse *Cómo perder imperios y alienar a gente.* Primero fue la Revolución Francesa, que vino a ser como el vecino que pone la música alta y te hace replantearte todas tus decisiones de vida. Luego, **Napoleón** decide hacer de Europa su particular tablero de Risk, incluyendo España, que se convierte en su cuartel de invierno sin siquiera pedir permiso. «¿Independencia? ¿Libertad? ¿Igualdad? ¡Interesante!», pensaron las colonias, tomando nota mientras España estaba distraída jugando a las guerrillas con los franceses.

Desde entonces, las mejores puestas de sol de España están en Ibiza

Simón Bolívar, José de San Martín, y otros tantos *influencers* de la época, empezaron a ganar seguidores con más rapidez que una novela de moda.

—¡Es hora de ser protagonistas de nuestra propia historia! —exclamaron.

Y así, una a una, las colonias fueron cortando el cordón umbilical con la metrópoli, en un desfile de independencias que dejó a España mirando hacia el Nuevo Mundo con cara de «¿Pero qué ha pasado aquí?».

Para cuando España se quiso dar cuenta, el patio trasero que nunca cuidó había montado su propia fiesta y no la había invitado. El imperio español en América se desvaneció como el dinero en las rebajas, dejando a la península con un mapa mucho más reducido y un montón de espacio libre donde antes ponía «Aquí hay oro y plata a montones».

En resumen, la pérdida de las colonias americanas por parte de España fue una mezcla de despiste histórico, mala gestión de recursos, y un claro ejemplo de que, en la vida como en las relaciones, si no cuidas lo que tienes, alguien vendrá a mostrarte cómo se hacía. Y todo ello aderezado con un toque de ironía que sólo el paso del tiempo puede proporcionar. Al final, el imperio que alguna vez no veía el sol ponerse, tuvo que aprender a madrugar para verlo salir.

Isabel II: «De niña a mujer»

¡Ah, el tumultuoso y dramático reinado de **Isabel II** de España, un verdadero culebrón digno de una serie de Netflix! ¿Estás listo para un viaje lleno de giros y vueltas en la monarquía española del siglo xix? ¡Prepárate para una dosis de escándalos, intrigas y un poco de... ¡guerras carlistas!

Todo comenzó en 1833, cuando **Isabel II** subió al trono a la tierna edad de tres años. Sí, tres años, ¿qué podría salir mal? Bueno, ¿quién necesita experiencia cuando tienes una corona? Desde el principio, la pequeña **Isabel** fue rodeada de conspiraciones y luchas de poder, y eso que apenas sabía hablar, ¡imagina negociar tratados internacionales!

Pero no te preocupes, ¡**Isabel II** no dejó que su corta edad le impidiera vivir una vida plena! ¡Oh no! En lugar de eso, se sumergió de lleno en una juventud escandalosa, con romances aquí y allá, ¡y qué decir de los rumores que rodeaban su corte! Su vida amorosa fue más confusa que un laberinto de la era medieval.

Hablemos de las guerras carlistas. Sí, porque ¿qué sería de un reinado sin una buena guerra civil? En el caso de **Isabel II**, tuvo la «suerte» de enfrentarse a dos. ¡Dos! Y claro, en medio de todo este caos, no podían faltar los pretendientes al trono que aparecían como hongos después de la lluvia. ¡Qué alboroto!

Pero espera, ¿crees que eso es todo? ¡No, no, no! A **Isabel II** le gustaba mantener las cosas interesantes. Así que, mientras se enredaba en asuntos políticos y amorosos, la sociedad española estaba más revuelta que un nido de avispas en primavera. Levantamientos aquí, conspiraciones allá, ¡y sin olvidar los avances tecnológicos que amenazaban con cambiarlo todo!

Dos instantáneas del reinado de Isabel II

Finalmente, después de décadas de drama y agitación, **Isabel II** fue depuesta en 1868, poniendo fin a uno de los reinados más caóticos y entretenidos de la historia española. Y aunque su legado pueda ser cuestionable, nadie puede negar que **Isabel II** sabía cómo mantenernos a todos en vilo. ¡Bravo, Isabel, bravo!

La Revolución «gloriosa» de 1868. El rey que no quería ser rey

Bienvenidos a la Revolución Gloriosa de 1868. Imagínate un país diciendo: «Estamos hartos de **Isabel II**, ¿qué tal si la mandamos a un largo viaje sin retorno?» Y así lo hicieron, enviando a la reina a tomar unas vacaciones permanentes en Francia.

Luego viene el «¿Y ahora qué?» más grande de la historia de España. Se abre una audición para el puesto de rey. Sí, como lo oyes, un *casting* internacional donde el ganador se lleva un país. Entre varios candidatos, el elegido fue **Amadeo I de Saboya**, un italiano que llega a España pensando que iba a ser todo pasta y fiesta, pero se encuentra con un país que cambia de gobierno como quien cambia de calcetines. **Amadeo**, viendo el panorama, decide que esto no era lo que le prometieron y renuncia al trono en 1873.

Pero la historia no termina aquí. España decide que es el momento de probar algo nuevo y se declara la Primera República, lo cual suena muy moderno y progresista. La República, sin embargo, resultó ser una montaña rusa de emociones y gobiernos. En un año, España tuvo cuatro presidentes, lo que nos da una media de un presidente cada tres meses.

Y para añadir más sabor al guiso, cada región tenía sus propias ideas de cómo debería ser esa república. Esto llevó a levantamientos, revueltas y hasta un intento de crear una república independiente en Cartagena. La situación era tan caótica que incluso los que pedían un rey estaban confundidos sobre a quién querían.

Amadeo de Saboya, en el momento de su coronación

Finalmente, en 1874, todos dijeron: «Bueno, vale, quizás esto de la república no era tan buena idea», y se restaura la monarquía con Alfonso XII, el hijo de la reina Isabel II. Y así termina esta loca aventura, con España diciendo: «¿Qué ha sido todo esto?» y volviendo al punto de partida. Y colorín colorado, este frenético periodo ha terminado.

La Primera República Española: «Hasta el gorro de todos nosotros»

La Primera República Española es un breve pero intenso episodio en el que España intentó bailar al ritmo de la democracia.

Todo comenzó en 1873, cuando España, después de años de monarquía y conflictos, decidió darle una oportunidad a la república. ¡Qué emocionante! Imagínate a los españoles con sus flamantes sombreros de copa y sus chaquetas de frac, pensando que estaban a punto de entrar en una era de progreso y libertad. ¡Qué inocentes!

Por supuesto, las cosas no fueron tan fáciles. Tan pronto como se quitó la corona, España pareció perder el rumbo más rápido que un turista despistado en las calles de Barcelona. Los políticos se pusieron a discutir como si estuvieran en una pelea de gallos, mientras que el pueblo miraba con una mezcla de fascinación y desesperación.

Y luego estuvieron las luchas internas. Los republicanos moderados, los republicanos radicales, los federalistas, los centralistas... ¡había más facciones que en una fiesta de disfraces mal organizada! Y mientras todos discutían sobre cómo debería ser la república perfecta, España se encontraba en un limbo político digno de una comedia de enredos.

La Primera República Española, o como me gusta llamarla, "La Gran Montaña Rusa Política Española", fue un episodio de la historia de España tan lleno de giros, subidas, bajadas y loopings, que incluso el más temerario de los aventureros hubiera dicho: "Aquí me bajo".

En este ambiente de "Vamos improvisando", la República pasó por cuatro presidentes en menos de un año. Sí, has leído bien. Cuatro. Es como si hubieran decidido aplicar el sistema de rotación de capitanes en un partido de fútbol al gobierno del país. "¿Quién quiere ser presidente esta semana? ¡Venga, tú que no has probado!"

Primero estuvo **Figueras**, que empezó con ganas pero acabó huyendo a Francia diciendo aquello de «Estoy hasta el gorro[1] de todos nosotros». Luego vino **Pi y Margall**, un tipo con ideas fantásticas sobre federalismo, pero que tuvo menos tiempo en el cargo que un helado al sol. **Salmerón** tomó el relevo, intentando poner algo de orden, pero acabó dimitiendo porque no quería firmar penas de muerte. Y entonces llegó **Castelar**, el último presidente de la República, que intentó estabilizar el país con mano firme hasta que el ejército dijo: «Bueno, ya hemos tenido suficiente diversión, gracias por todo».

Entre medias, tuvimos intentos de independencia, revueltas, intentos de monarquía federal... Vamos, que si te despistabas un momento, te perdías tres cambios de gobierno y dos levantamientos. La República fue como esa fiesta que empiezas

---

1 Hay quien dice que en realidad utilizó una expresión algo más malsonante (N. del E.)

con ilusión, pero que se va de madre y acabas preguntándote cómo has terminado en el tejado, con una corona de cartón y sin recordar dónde has dejado los zapatos.

Finalmente, en 1874, la montaña rusa de la Primera República llegó a su estación final con el pronunciamiento de **Martínez Campos** en Sagunto, que dio paso a la Restauración Borbónica. Todos bajaron del vagón, algo mareados y preguntándose qué demonios había pasado, pero secretamente deseando volver a subir. Porque, al final, la Primera República fue esa clase de historia que, por muy loca que fuera, nadie quería perderse.

QUÉ PAÍS, QUÉ PAISAJE... ¡QUÉ PAISANAJE!

Año 1873

«*Hold my beer*»: El cantón de Cartagena

La República Cantonal de Cartagena, esa breve pero intensa aventura independiente de 1873, es un episodio que parece sacado de una sitcom donde los personajes deciden, un buen día, montar su propio país en el patio trasero. Imagínate a Cartagena, esa ciudad portuaria con solera y carácter, hartándose de las idas y venidas políticas de España y diciendo: «¿Sabes qué? Mejor montamos nuestro propio chiringuito».

En plena efervescencia de la Primera República Española, donde cada región parecía querer probar suerte en el «Hazlo tú mismo» político, Cartagena no iba a ser menos. Con un Hold my beer muy mediterráneo, proclamaron el Cantón de Cartagena, una micro república con aspiraciones de autonomía, libertad y probablemente una buena dosis de confusión sobre cómo efectivamente se dirigía un país.

Desde julio de 1873 hasta enero de 1874, Cartagena fue el escenario de un experimento político que combinó idealismo, desafío y, claro, una cierta falta de previsión. Se puede imaginar el ayuntamiento local, convertido en improvisado parlamento cantonal, debatiendo sobre leyes, finanzas, y posiblemente sobre quién iba a bajar a comprar más tinta para la imprenta de la nueva república.

El asedio por las fuerzas gubernamentales no se hizo esperar, porque, claro, en Madrid no vieron con buenos ojos que

Cartagena decidiera jugar a las repúblicas autónomas. Mientras tanto, en Cartagena, entre cañonazos y proclamas de libertad, la vida seguía con ese espíritu rebelde y algo caótico. «¿Que nos asedian? Bueno, al menos no nos aburrimos», debieron pensar.

El episodio llegó a su fin cuando las fuerzas del gobierno central finalmente recapturaron la ciudad, poniendo fin a la breve pero memorables existencia de la República Cantonal de Cartagena. Los cartageneros, con su punto de rebeldía intacto, probablemente se encogieron de hombros, se pasaron la resaca de la independencia y dijeron algo así como «Bueno, fue divertido mientras duró. ¿Qué hacemos ahora?».

*Las autoridades de Cartagena celebran
eufóricas su independencia*

La restauración borbónica: «*Volver a empezar*»

La Restauración Borbónica en España, que arrancó en 1874, fue básicamente el *reset* histórico que alguien pulsó diciendo: «Vale, este experimento de la República ha estado divertido, pero vamos a volver a lo de siempre, que al menos sabemos cómo funciona». Así, España dijo:

—¿Recordáis a esos Borbones que solíamos tener? ¿Qué tal si probamos otra vez con ellos?

Y así, **Alfonso XII**, que estaba por ahí esperando su turno, subió al escenario como el *reboot* de la monarquía española. Imagínatelo como el regreso de una serie clásica con nuevos episodios: algo así como *Los Borbones: La Nueva Generación*. La idea era simple: traer estabilidad, orden y, bueno, intentar que nadie echara demasiado de menos la montaña rusa de la Primera República.

El sistema de la Restauración fue diseñado por **Cánovas del Castillo**, un tipo que pensó: «Si hacemos turnos para gobernar, evitamos peleas». Su idea fue el Turno de Partidos, algo así como un juego de «Ahora te toca a ti, ahora a mí», entre los conservadores y los liberales. Esto, en teoría, debería evitar cualquier tipo de drama político. En la práctica, fue como tener dos pilotos diciéndose mutuamente: «¿Te importa si conduzco yo ahora?» mientras el país seguía su camino, esperando no salirse de la carretera.

Bajo esta nueva/antigua monarquía, España intentó poner un poco de orden en casa, aunque no siempre con éxito. Era una época de esplendor para los políticos con habilidades en el arte del enchufe y el compadreo, un deporte nacional no oficial que alcanzó nuevas cimas durante este periodo. Al mismo tiempo, el país experimentó ciertos avances, como la llegada del teléfono y la luz eléctrica, que permitieron a los españoles quejarse de la política con más eficiencia y en horarios extendidos.

Una representación alegórica del turnismo político

Sin embargo, no todo fue un camino de rosas. La cuestión cubana era como esa tarea del hogar que España había estado posponiendo, esperando que de alguna manera se solucionara sola. *Spoiler*: no lo hizo. Esto llevó a la desastrosa Guerra de Independencia de Cuba, que fue como cuando finalmente decides hacer esa tarea y terminas rompiendo algo importante en el proceso.

La Restauración Borbónica intentó ser un «volver a empezar» para España, manteniendo un cierto equilibrio entre el drama y la comedia que caracteriza a la historia española. Y aunque tuvo sus momentos de «¿Pero qué estamos haciendo?», también fue un recordatorio de que, a veces, lo antiguo y lo nuevo pueden coexistir... más o menos pacíficamente. En resumen, fue como ese familiar que se va de casa prometiendo que ha cambiado, y cuando vuelve, descubres que, en el fondo, sigue siendo el mismo, pero con nuevas anécdotas que contar.

QUÉ PAÍS, QUÉ PAISAJE... ¡QUÉ PAISANAJE!

Años 1875-1885

«¿Dónde vas, Alfonso XII?»

Alfonso XII, conocido por su indecisión amorosa tanto como por su habilidad para perderse incluso en su propio palacio, una vez preguntó a sus consejeros: «¿Dónde voy?», a lo que ellos, fielmente, respondieron: «Al trono, majestad, pero primero a la iglesia a casarse, que ya es hora y la reina madre no se calma». Este buen hombre, con el peso de una corona que podría causar dolor de cuello a cualquiera, fue empujado al altar no una, sino tres veces, porque, ¿por qué conformarse con una sola tragedia cuando puedes tener tres?

*Su primera esposa, **María de las Mercedes**, era el amor de su vida. La historia dice que el amor era tan fuerte que los retratos de ambos solían suspirar en las noches de luna llena. Desafortunadamente, ella falleció prematuramente, dejando a nuestro pobre **Alfonso** navegando en un mar de lágrimas que podría haber llenado el estanque del Retiro. Claro, algunos dicen que murió de una enfermedad, pero entre nosotros, probablemente fue de aburrimiento al escuchar a **Alfonso** hablar sobre política exterior por enésima vez.*

*Entonces, como todo buen drama requiere un segundo acto, **Alfonso** se casó con **María Cristina de Habsburgo**, una austriaca que llegó con un manual titulado Cómo manejar esposos melancólicos y mejorar las relaciones diplomáticas al mismo tiempo. **María Cristina** fue una especie de supermujer, manejando no solo a un rey viudo sino también a un país entero. Su matrimonio fue menos una cuestión de romance y más una de diplomacia, algo así como «te enseño a firmar tratados si no lloras en las reuniones de estado».*

*¿Y cómo no mencionar el rumor del tercer matrimonio secreto de **Alfonso**? Eso es material de primera para cualquier guionista. La leyenda cuenta que se casó en secreto con una de sus amantes, lo cual, si es verdad, fue probablemente la única vez que **Alfonso** logró llegar a algún lugar sin que toda la corte lo siguiera.*

*En resumen, «¿Dónde vas, **Alfonso XII**?» podría traducirse mejor como «¿Dónde estás, **Alfonso XII**?». Un rey que intentó seguir el mapa de los asuntos del corazón, pero claramente necesitaba actualizar su GPS real. Pero no se preocupen, siempre habrá un ministro o dos para guiarlo de vuelta a palacio, si es que puede encontrar el camino de regreso al trono sin tropezar con su propia capa. ¡Salud por las aventuras y desventuras de un rey que realmente no sabía a dónde iba, pero que siempre tenía una banda sonora dramática para acompañarlo!*

Alfonso XII corteja a María de las Mercedes

«María Cristina me quiere gobernar II» ¡pero esta vez es otra María Cristina!

La llegada de **María Cristina de Habsburgo-Lorena**[1] a España fue más o menos como la de un nuevo entrenador a un equipo de fútbol que no ha ganado un partido en décadas. Su esposo, **Alfonso XII**, le pasó el balón (en este caso, el país) antes de despedirse del mundo a la edad de 27 años víctima de la tuberculosis, dejándola embarazada del futuro **Alfonso XIII** y a cargo de la regencia. **María Cristina**, sin embargo, no era de las que se quedaban en la banca lamentándose. Se puso su sombrero de regente y decidió que si iba a hacer esto, lo haría a su manera.

Su primer acto como regente fue algo así como declarar «¡Aquí mando yo!» en una reunión con sus asesores, quienes se quedaron tan sorprendidos que derramaron su café. Pero no se detuvo ahí. **María Cristina** sabía que tenía que mantener el barco a flote hasta que su hijo pudiera tomar el timón, y vaya si ese barco tenía fugas.

---

[1] No confundir con María Cristina de Borbón-Dos Sicilias (N. del E.)

Introdujo el «turnismo», que no era una técnica de baile, sino un sistema político para que dos partidos se turnaran en el poder amistosamente, como si dijeran «Después de ti», «No, no, insistiré, después de ti». Este sistema tenía como objetivo mantener la paz y evitar que el país se desviara hacia un episodio de *Juego de Tronos*.

Bajo su mando, España enfrentó más drama que una novela de época. Hubo conflictos coloniales, problemas económicos y escándalos políticos. Pero **María Cristina**, con su paraguas austriaco siempre listo para la tormenta, sorteó estos desafíos con la elegancia de quien sortea los charcos en un día lluvioso.

Incluso cuando España perdió sus últimas colonias en el desastre del 98, **María Cristina** no perdió la compostura. Se dice que miró el mapa, suspiró y simplemente decidió que era momento de hacer limpieza de primavera, tanto en la casa como en la política.

Y así, contra todo pronóstico, **María Cristina** mantuvo unido a un país que parecía empeñado en hacer todo lo contrario. Cuando finalmente entregó el poder a su hijo, **Alfonso XIII**, probablemente le dio un par de consejos: nunca subestimes el poder de un buen paraguas y, lo más importante, si puedes gobernar España, puedes hacer cualquier cosa.

Así termina la increíble aventura de **María Cristina de Habsburgo-Lorena**, la regente austriaca que gobernó España con un paraguas en una mano y mucho ingenio en la otra, demostrando que a veces, para dirigir un país, solo necesitas mantener la cabeza fría y, quizás, un buen sentido del humor.

El «Desastre del 98»: «A perro flaco...

El «Desastre del 98», o como España vivió su particular «me han robado la cartera y no me he dado cuenta hasta llegar a casa». Fue el año en que el imperio español, que se había extendido por el globo como si estuviera coleccionando cromos, se dio cuenta de que había perdido la mitad de su álbum en una mala tarde.

La historia empieza con Cuba, esa perla del Caribe que España tenía en su bolsillo trasero desde hacía siglos, empezando a sentir el picor de la independencia. «Queremos ser nuestros propios jefes», decían. Y mientras España intentaba rascarse ese picor con promesas y reformas, apareció Estados Unidos con su «Doctrina Monroe» bajo el brazo, diciendo: «Lo siento, chicos, pero este baile es mío».

Lo de Cuba ya era un culebrón de por sí, pero entonces sucedió lo del USS Maine, un barco estadounidense que explotó en el puerto de La Habana. Estados Unidos dijo: «¡Fue España!» y España fue como: «¿Qué? Pero si estábamos aquí tranquilamente tomando un helado». Sin embargo, la excusa era demasiado buena para ser ignorada, y así empezó la guerra hispano-estadounidense, que fue básicamente como llevar a tu abuelo a un ring de boxeo: por mucho que lo intentara, no estaba para esos trotes.

En este punto, España estaba en guerra no solo en Cuba, sino también en Filipinas y Puerto Rico, lo que en términos de estrategia militar es lo que los expertos técnicamente denominan «estar en todos los fregaos y ninguno bueno». La flota española, dirigida por el almirante **Cervera**, fue enviada a Cuba con la esperanza de... bueno, nadie sabe muy bien qué esperaban, pero el resultado fue como intentar apagar un incendio con una botella de ron: todo acabó peor.

El aspirante americano derrotó
definitivamente al viejo campeón español

La batalla de Santiago de Cuba fue el equivalente marítimo de «chicos, creo que nos hemos perdido», y terminó con la flota española hundiéndose mientras **Cervera** pensaba: «Esto en el simulador no pasaba». Mientras tanto, en Filipinas, el almirante **Dewey** se paseaba por la bahía de Manila como si estuviera en rebajas, y en cuestión de horas, España pasaba de ser propietaria a estar de alquiler.

Al final, el tratado de París fue el «leído y no contestado» de España, donde perdió Cuba, Filipinas, Guam y Puerto Rico. España volvía a casa, con el imperio en los zapatos y pensando en qué momento se le había ido de las manos una tarde que prometía ser tranquila.

De la nostalgia por la pérdida de Cuba surgieron las habaneras

Así, el Desastre del 98 se convirtió en la resaca de la fiesta imperial española, ese momento de reflexión melancólica en el que el país se miró al espejo y dijo: «Bueno, quizás es hora de reinventarse». Y aunque el proceso de reinventarse fue todo un camino de espinas, al menos nos dejó algunas de las mejores obras de la literatura, la generación del 98, que no dudó en sacar punta y pluma para escribir sobre el tema.

QUÉ PAÍS, QUÉ PAISAJE... ¡QUÉ PAISANAJE!

Año 1898

«Sostenella y no enmendalla»: Los últimos de Filipinas

«Los Últimos de Filipinas», una historia que bien podría titularse Cuando la lealtad te hace quedarte en la fiesta aunque los anfitriones ya se hayan ido a dormir. Esta es la aventura épica (y un poco surrealista) de un grupo de soldados españoles que, allá por 1898, decidieron que rendirse era pasar de moda y que ellos eran más de seguir la fiesta hasta que el cuerpo aguantase. O hasta que alguien les dijera, de manera oficial y con membrete, que la fiesta había terminado.

El escenario es el pequeño pueblo de Baler, en Filipinas. Nuestros protagonistas, un grupo de soldados españoles, estaban allí, probablemente pensando que su misión sería tan tranquila como el plan de estudiar en la biblioteca y acabar leyendo novelas. Pero la historia tenía otros planes. La Guerra Hispano-Estadounidense estaba en su apogeo, una guerra que España seguía con el mismo entusiasmo con el que uno sigue una dieta estricta: con muchas ganas de que se acabe.

Cuando el tratado de París puso fin a la guerra, y con ella, a las colonias españolas en América y Asia, alguien se olvidó de enviar el memo a nuestros valientes de Baler. Así, rodeados y superados en número, decidieron resistir en la iglesia del pueblo, convencidos de que todavía luchaban por la patria. Uno podría imaginarlos diciendo:

—Mientras haya un español en pie, esta fiesta sigue.

Durante 337 días, estos soldados, que probablemente establecieron el récord mundial de la persona que más tiempo ha ignorado las señales de que ya es hora de irse, mantuvieron su posición. A su alrededor, el mundo seguía girando, la guerra había terminado, y Filipinas había empezado a escribir su propio futuro. Pero ellos, fieles a su deber (y quizás un poco porque no tenían buena cobertura para recibir noticias), siguieron defendiendo su pequeño rincón del imperio que ya no lo era.

Finalmente, y tras varias tentativas de convencerles de que la guerra había terminado (incluyendo periódicos bajo las puertas y mensajes de «chicos, en serio, se acabó»), los Últimos de Filipinas salieron de su refugio. Se encontraron con un mundo que había cambiado y con la noticia de que su resistencia, lejos de ser un acto de rebeldía, se había convertido en un símbolo de valor y tenacidad.

Evacuación de los "Últimos de Filipinas"

*Esta historia, vista con la perspectiva del tiempo, nos recuer-
da esos domingos en los que te niegas a admitir que el fin de
semana ha terminado y sigues en pijama como acto de resistencia. «Los Últimos de Filipinas» no solo se ganaron un lugar
en los libros de historia por su increíble gesta, sino también en
el corazón de aquellos que entienden que, a veces, no hay nada
más heroico que insistir en seguir adelante, incluso cuando todo
lo demás indica que es momento de cambiar de página.*

QUÉ PAÍS, QUÉ PAISAJE... ¡QUÉ PAISANAJE!

Siglo XIX

El «quién es quién» del siglo XIX

Como todo estudiante sabe, el siglo XIX tuvo más idas y venidas que un partido de Champions del Madrid, así que no estará de más resumir a sus personajes más destacados:

Rafael del Riego, *un tipo que claramente no entendió que una invitación a una revuelta no siempre termina en fiesta. Este entusiasta de la libertad pensó que dar un giro liberal a España en 1820 sería tan fácil como cambiar de chaqueta. Bueno, intentó cambiar el rumbo del país con un levantamiento que puso en marcha la efímera Constitución de 1812. Desafortunadamente para él, la invitación se quedó corta y su fiesta de la libertad terminó con un final de cuerda más literal de lo esperado.*

Juan Álvarez Mendizábal, *el mago de la economía que pensó que podría solucionar los problemas financieros de España simplemente haciendo desaparecer monasterios. En los años 1830, este optimista ministro decidió que la mejor manera de pagar las deudas del país era expropiar tierras eclesiásticas y venderlas al mejor postor. Su plan revolucionario se basaba en el pequeño detalle de ignorar la oposición de la Iglesia y de cualquiera que no creyera en el capitalismo salvaje como religión. Aunque sus reformas tuvieron efectos mixtos, al menos le dio un nuevo significado a «liquidación de activos».*

Francisco Martínez de la Rosa, *el político y dramaturgo que nunca pudo decidir si prefería escribir dramas o protagonizarlos. En el caótico escenario político del siglo XIX en España,* **Martínez de la Rosa** *intentó hacer malabares con* la pluma y el poder, ofreciendo un enfoque moderado que terminó no contentando a casi nadie. Su famosa «Ley del Estatuto Real» intentó ser un compromiso entre absolutistas y liberales, pero acabó siendo tan popular como un final trágico en una de sus propias obras teatrales. A veces, parece que su carrera política fue su actuación más dramática.

Baldomero Espartero, el hombre que dejó claro que ser un héroe de guerra no necesariamente te convierte en un héroe de la política. Este militar subió a la cima del poder en España casi accidentalmente, creyendo que pacificar rebeldes y gobernar un país eran básicamente lo mismo. Su manera de resolver conflictos internos, como con el bombardeo

Espartero contempla el resultado de su bombardeo sobre Barcelona

de Barcelona, demostró que sus tácticas eran tan sutiles como un cañonazo en una sala de té. Aunque fue amado y luego odiado, **Espartero** siempre será recordado por su capacidad de convertir el apoyo popular en exilio voluntario con la misma facilidad con que se desmonta una tienda de campaña.

Leopoldo O'Donnell, un hombre que trató de estar en todos los bandos políticos al menos una vez. Como militar y político, este camaleón ideológico fundó la Unión Liberal, un partido que intentó ser el punto medio entre los extremos en un país que rara vez hacía algo a medias. **O'Donnell**, que osciló entre conservador y progresista con la elegancia de un bailarín de flamenco, es famoso por su capacidad de ganar batallas tanto militares como electorales, aunque su habilidad para mantener la paz y la estabilidad en el gobierno fue un tanto menos impresionante. Al final, su legado político fue casi tan variado y colorido como su carrera militar.

Antonio Cánovas del Castillo, el arquitecto de la restauración borbónica en España, un hombre que creía que la mejor manera de evitar problemas era turnarse en el poder como en un juego de sillas musicales. Convencido de que un buen sistema político necesitaba tanto estabilidad como un rey, se aseguró de diseñar un bipartidismo a medida donde liberales y conservadores se pasaban el gobierno como si fuera un regalo de cumpleaños. Su enfoque de «ahora me toca a mí, luego te toca a ti" intentó mantener a todos medianamente contentos y a la monarquía en pie, demostrando que en política, lo que cuenta es seguir girando, aunque sea en círculos.

Práxedes Mateo Sagasta, el maestro del escurridizo arte de la política española, que parecía tener más vidas que un gato. Este ingeniero reconvertido en político lideró el partido liberal y fue presidente del gobierno varias veces, demostrando que en la política española, lo que importa no es cuántas veces te caes, sino cuántas veces vuelves a levantarte. Sagasta, conocido por su habilidad para navegar por las aguas turbulentas de la política mediante concesiones y reformas, ofrecía cambios como quien reparte caramelos, asegurándose siempre de tener suficientes para apaciguar a la oposición y mantenerse en el poder un día más.

Antonio Maura, el hombre que intentó reformar España con la tenacidad de un toro en una tienda de porcelana. Como líder conservador y varias veces presidente del gobierno, **Maura** tenía grandes aspiraciones de modernización y moralización, aunque a veces sus métodos eran tan sutiles como un elefante haciendo equilibrio. Famoso por su frase «Gobernar es rectificar», trató de implementar un estilo de «gobierno fuerte» que acabó siendo más conocido por provocar tensiones y disturbios que por sus logros administrativos. Un idealista en un país de realistas, **Maura** demostró que tener buenas intenciones en política es tan útil como tener un paraguas en un huracán.

Juan Prim, el general que jugaba a ser rey... sin corona. Como militar y político, **Prim** era un hombre de acción que pensaba que un poco de intriga y unos cuantos levantamientos eran la forma ideal de pasar el tiempo. Famoso por traer a un rey italiano a gobernar España y luego quedarse sorprendido cuando la cosa no salió como esperaba, **Prim** demostró que en el ajedrez político, a veces te toca ser el peón, aunque creas que eres el rey. Su final, asesinado misteriosamente antes de ver consolidada su obra, fue tan dramático como su vida: siempre a punto de lograr algo grande, pero sin llegar a verlo.

Pablo Iglesias Posse, el fundador del Partido Socialista Obrero Español (PSOE) en el siglo XIX, que decidió que España necesitaba un poco más de rojo en su paleta de colores políticos. Con la determinación de un maestro de escuela que decide enseñar una nueva asignatura en un aula conservadora, Iglesias se puso manos a la obra para introducir el socialismo en un país más acostumbrado a los reyes que a las revoluciones obreras. Incansable en su labor sindical y político, mostró que las ideas pueden ser tan resistentes como un buen par de botas de trabajo. Con su barba icónica y una paciencia casi santificada, Pablo se dedicó a plantar semillas de cambio, esperando pacientemente a que germinaran en algún futuro lejano.

Sabino Arana, *el hombre que miró al diverso mosaico cultural de España y pensó, "Lo que realmente necesitamos es más banderas". Fundador del Partido Nacionalista Vasco, Arana no solo promovió el nacionalismo vasco, sino que también creó una mitología y hasta una lengua ortográfica revisada, todo con el entusiasmo de alguien que rediseña la decoración de su casa porque no le gusta el papel tapiz. Con una visión de exclusividad y pureza que haría sonrojar a un sommelier hablando de vinos, Sabino dedicó su vida a argumentar que los vascos no eran solo diferentes, sino prácticamente de otro planeta. Su legado es un recordatorio de que la identidad puede ser tan afilada como un cuchillo de doble filo.*

Sabino Arana, el aita del nacionalismo vasco

Alfonso XIII: Un rey «de cine»

Alfonso XIII subió al trono antes incluso de subir a un columpio. Nació siendo rey, literalmente, en un país que cambia de gobierno como quien cambia de calcetines. **Alfonso**, desde su cuna real, debió pensar que el trono era una especie de montaña rusa ancestral, solo que sin cinturones de seguridad y con la peculiar característica de ir hacia atrás de vez en cuando.

Este precoz monarca, en su intento por modernizar España, se encontró enredado en la maraña de cables del teléfono de la política, intentando conectar con un futuro que, por momentos, parecía estar ocupado. Su reinado estuvo marcado por un fervoroso deseo de entrar en la modernidad, una empresa tan ambiciosa como intentar enseñar a bailar sevillanas a un oso: noble en intención, pero desafiante en ejecución.

Entre sus hazañas, **Alfonso XIII** intentó ser un *influencer* antes de que existieran las redes sociales. Con su pasión por el cine, no es difícil imaginarlo creando el primer *unboxing* de una cámara de cine, si tan solo hubiera tenido un canal de YouTube. «Aquí, abriendo mi nueva Pathé, directamente desde París, ¡démosle un vistazo, amigos!» habría dicho, mientras intentaba descifrar el manual en francés.

Bajo su mandato, España se vio envuelta en conflictos y tensiones, aunque eso no era ninguna novedad. El rey enfrentó guerras en Marruecos con la misma determinación que un adolescente intentando resolver un **Rubik** por primera vez: girando los mismos bloques una y otra vez, esperando un resultado diferente.

Unboxing de una nueva Pathé por el rey Alfonso XIII

Alfonso XIII también fue un romántico, en el sentido más literal y complicado del término, navegando por las aguas turbulentas del matrimonio y las relaciones con la gracia de un elefante en una tienda de porcelana. Sus escándalos amorosos fueron tan públicos que hoy en día habrían alimentado las portadas de revistas durante meses, convirtiendo cada aparición pública en un episodio de telerrealidad digno de maratón.

Su reinado terminó no con un estallido, sino con un susurro... bueno, más bien con un exilio. En 1931, España dijo «Es complicado» a la monarquía y cambió su estado civil a «República». Alfonso XIII, sin WiFi para buscar «cómo gestionar un exilio real», se embarcó en un viaje sin retorno, convirtiéndose en un *influencer* sin plataforma, un monarca sin corona y, en última instancia, un personaje histórico que esperaba la invención del *blog* para contar su lado de la historia.

Así, la saga de **Alfonso XIII** nos enseña que ser rey no es tarea fácil, especialmente cuando el guion de tu reinado parece haber sido escrito en una servilleta durante una cena muy animada.

La Guerra del Rif: Cuando España decidió ir de camping al norte de África y todo salió mal

Hubo un tiempo, no tan distante, cuando España, movida por esa mezcla de aburrimiento y ganas de aventura que a veces aflige a las naciones, decidió que ir de camping al norte de África sería una excelente idea. «¿Qué podría salir mal?», pensaron, empacando sus fusiles como si fueran cañas de pescar, en un episodio histórico conocido como la Guerra del Rif.

El Rif, una región montañosa en el norte de Marruecos, prometía ser el destino exótico perfecto para un país con ganas de expandir su álbum de fotos coloniales. Sin embargo, lo que España no anticipó fue que los locales, liderados por el carismático **Abd el-Krim**, no estaban precisamente emocionados con la idea de ser visitados, mucho menos ocupados.

La excursión española comenzó con el entusiasmo de un turista en la playa, pero pronto descubrieron que el Rif era más parecido a un episodio de *Bear Grylls: Supervivencia Extrema* que a un tranquilo día de campo. **Abd el-Krim** y sus guerrilleros rifeños, conocedores de cada cueva y sendero como si fueran las calles de su propio barrio, decidieron darles a los españoles una lección de hospitalidad norteafricana que no olvidarían.

Cual partido de fútbol mal planeado, los españoles se vieron superados en táctica y terreno. El «Desastre de Annual» en 1921 fue el punto álgido de esta excursión fallida, donde las fuerzas españolas experimentaron lo que es perder un partido por goleada, dejando en claro que quizás no habían elegido el mejor momento para su acampada.

La situación era tan surrealista que si hubiera existido Twitter en aquel entonces, probablemente hubiera estado inundado de memes sobre la situación, con hashtags como *#DesastreDeAnnual* y *#CampingGoneWrong* liderando las tendencias.

En un intento por salvar la situación, España llamó a su amigo Francia para que le ayudara a recoger sus cosas y enfrentarse al molesto anfitrión que no les dejaba disfrutar de su campamento en paz. Juntos, y no sin esfuerzo, lograron poner un poco de orden, aunque a un costo que hizo que muchos se preguntaran si realmente había valido la pena sacar los sacos de dormir.

La Guerra del Rif fue, en resumen, una de esas vacaciones de las que vuelves diciendo «necesito unas vacaciones para recuperarme de las vacaciones». España, aunque logró mantener su presencia en el norte de África por un tiempo después de eso, probablemente se quedó pensando si la próxima vez no sería mejor ir de camping a un lugar un poco menos... revolucionario.

Así, la aventura en el Rif quedó en la historia como un recordatorio de que, a veces, el mejor viaje es aquel que decides no hacer, especialmente si los locales tienen un historial comprobado de no apreciar visitas sorpresa. Y quizás, solo quizás, la próxima vez que una nación sienta el impulso de expandir su territorio, primero consulte con los anfitriones... o al menos, lleve un mejor mapa.

QUÉ PAÍS, QUÉ PAISAJE... ¡QUÉ PAISANAJE!

Año 1921

«Murieron con las botas puestas»: El desastre de Anual

Era el verano de 1921, y España, con ese ímpetu de grandeza que a veces surge después de una siesta demasiado larga, decidió que era un buen momento para expandir su influencia en el norte de Marruecos. Así, como quien decide irse de excursión sin mirar el pronóstico del tiempo, España se lanzó al asunto sin imaginar que acabaría protagonizando uno de los episodios más embarazosos de su historia militar: el Desastre de Anual.

*La idea era simple, al menos en papel: avanzar sobre el Rif y demostrar que, aunque la Armada Invencible hubiera tenido sus días mejores, España todavía podía organizar una invasión decente. Lo que no esperaban era que **Abd el-Krim** y sus rifeños tenían otras ideas, y no incluían precisamente recibir a los españoles con los brazos abiertos, a menos que esos brazos estuvieran empuñando rifles.*

*El **General Silvestre**, que lideraba la operación, era del tipo que confundía optimismo con estrategia. Su plan era tan vago que habría hecho llorar a **Sun Tzu**, consistiendo principalmente en avanzar y ver qué pasaba. Bueno, lo que pasó fue que se encontraron con una resistencia tan feroz que hubiera hecho reconsiderar a cualquiera con un mínimo sentido de la autocrítica.*

El resultado fue un desastre de proporciones épicas, con España perdiendo miles de hombres y una cantidad de material militar que habría hecho de cualquier feria de armas un evento mediocre en comparación. El «Desastre de

Anual» fue tan monumental que se rumorea que los rifeños consideraron enviar una nota de agradecimiento por todas las municiones «donadas» involuntariamente.

En España, la noticia cayó como una bomba, pero no una de esas que pierdes en el campo de batalla; más bien, como una bomba de vergüenza que explota en plena sala de estar nacional. La reacción pública fue una mezcla de incredulidad, enfado y ese tipo de humor negro que solo puede surgir de una tragedia nacional. Los periódicos de la época probablemente tuvieron que crear una nueva sección solo para cubrir la avalancha de chistes, sátiras y caricaturas que generó el evento.

Las tropas de Abd el-Krim resultaron estar algo mejor preparadas de lo previsto

La investigación posterior al desastre intentó responder a la pregunta de qué había salido mal, un misterio que para algunos era tan obvio como preguntarse por qué duele golpearse el dedo del pie contra la esquina de la cama. La conclusión oficial probablemente incluyó términos como «subestimación del enemigo», «falta de preparación» y «seriamente, ¿quién pensó que esto era una buena idea?».

El Desastre de Anual se convirtió en un recordatorio humillante, pero irónicamente valioso, de que en la guerra, como en la cocina, ir sin receta puede terminar en desastre.

De la dictadura a la «dictablanda»: De Primo de Rivera al general Berenguer

Con la misma determinación que uno reserva para iniciar una dieta un lunes, el general **Miguel Primo de Rivera** decidió en 1923 que España necesitaba un cambio. No un cambio de aires o de decoración, sino de sistema político. Y así, como quien decide reorganizar el salón moviendo el sofá sin pedir opinión, instauró una dictadura.

Primo de Rivera era un dictador con aspiraciones de *influencer*, mucho antes de que existiera Instagram o TikTok. Si hubiera podido, seguramente habría inundado nuestros *feeds* con *hashtags* como *#RestauraciónNacional* y *#OrdenYPatriotismo*. Claro, su versión de «hacerlo por el gran» implicaba más la censura de prensa que *selfies* en eventos chic, pero nadie es perfecto.

Su lema podría haber sido «Haciendo a España grande otra vez», si ese eslogan no estuviera tan trillado ya. Bajo su mando, España se embarcó en una aventura de modernización y centralización que tenía más de deseo piadoso que de plan concreto. Imaginemos a **Primo de Rivera** publicando *stories* diciendo: «Vamos a construir presas, mejorar la educación y modernizar la economía. Pero primero, ¡una *selfie* con mi último decreto real!»

Era un hombre de acción, de eso no hay duda. Con el mismo ímpetu con que uno se apunta a todas las actividades extraescolares en septiembre, **Primo de Rivera** se lanzó a proyectos de gran envergadura. Algunos dirán que su gestión tuvo más de espectáculo que de sustancia, como esas cuentas de Instagram llenas de fotos en lugares exóticos pero sin decir nada realmente profundo.

Por supuesto, no todo el mundo estaba encantado con su «influencia». Sus críticos, que tenían que ser un poco más discretos dado el contexto de censura, podrían haber subtitulado sus fotos con algo así como «Aquí, pasándolo genial bajo la dictadura #SarcasmoOn». **Primo de Rivera**, sin embargo, se mantenía firme en su creencia de que estaba liderando a España hacia una nueva era, con la convicción de un *youtuber* promocionando una marca de agua *detox*.

El final de su «campaña de influencia» llegó cuando la realidad se impuso sobre el idealismo, como cuando te das cuenta de que la dieta milagrosa que seguías solo te hacía perder agua. En 1930, **Primo de Rivera** se vio obligado a dimitir, dejando atrás un país que estaba, si cabe, más confundido sobre su identidad y dirección que antes. Fue como si, después de seguir fielmente a un *influencer*, descubrieras que todos sus *posts* eran patrocinados y su vida perfecta, una farsa.

El **General Berenguer** le sustituyó, intentando caminar hacia una «normalidad constitucional» que ya no era posible, en lo que se llamó popularmente «la dictablanda».

En definitiva y en retrospectiva, la dictadura de **Primo de Rivera** se asemeja a un experimento de redes sociales fallido: mucho ruido, algunas fotos bonitas, pero poco cambio sustancial. Y así, mientras España navegaba hacia aguas aún más turbulentas, el legado de **Primo de Rivera** quedó como el de aquel tío que intentó ser *cool* en la reunión familiar: un esfuerzo notable, pero un poco fuera de lugar.

La Segunda República española: «Mucho ruido...»

Érase una vez, en un país no muy lejano llamado España, una aventura épica se desplegaba bajo el sol ardiente del sur de Europa. Era el amanecer de la Segunda República Española, y los ciudadanos, cansados de la monotonía real, decidieron que era hora de un cambio... ¡y qué cambio!

El 14 de abril de 1931, después de unas elecciones municipales que dejaron a los monárquicos con caras más largas que las colas en las tiendas de pan durante la pandemia de la gripe española, **Alfonso XIII** vio el escrito en la pared. Pero en lugar de un adiós sombrío, imaginemos que **Alfonso** decidió irse con estilo: montando su caballo en dirección al exilio, pero no sin antes publicar en su Instagram de época una *selfie* con el *caption*: "*New adventures await #ExKingLife*".

La Segunda República fue proclamada, y con ella llegaron líderes que eran tan variopintos como los ingredientes de una paella. Había para todos los gustos: desde radicales hasta conservadores, de anarquistas a monárquicos en negación. Imagina un grupo de WhatsApp donde todos estos personajes intentan decidir dónde cenar:

—¿Qué tal una monarquía constitucional?

—¿Y si probamos con un poco de anarquismo?

Y otro decía:

—¿Qué tal una república, pero con más salsa?

Mientras tanto, en las calles, la vida era una mezcla de pasión, arte y un poco de caos. Los intelectuales y artistas, como **Federico García Lorca** y **Salvador Dalí**, añadían un toque de surrealismo al ambiente, organizando *flash mobs* de poesía y exhibiciones de arte en lugares inesperados, como supermercados y estaciones de tren.

Pero no todo era diversión y arte; también había drama. La República, como una telenovela de alta tensión, tuvo sus momentos de conflicto y pasión. Reformas agrarias aquí, derechos de las mujeres allá, y debates que eran tan intensos que hacían que los enfrentamientos en Twitter parecieran conversaciones sobre el tiempo.

Y entonces llegó el momento culminante: la Guerra Civil, un *spin-off* que nadie pidió. Fue como cuando tu serie favorita introduce un giro de trama tan loco que te deja pensando: "¿Pero esto de dónde salió?» Imagina a los personajes históricos grabando *vlogs* desde el frente, compartiendo consejos de supervivencia y recetas de cómo hacer un buen guiso con lo que tengas en la trinchera.

Al final, como todas las buenas historias, la Segunda República y su secuela, la Guerra Civil, nos dejaron con lecciones aprendidas, momentos de inspiración y la eterna pregunta de "¿Qué hubiera pasado si...?" Y aunque la historia no se puede cambiar, siempre podemos recordarla con un toque de humor, porque, después de todo, reír es también una forma de recordar.

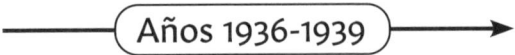

La Guerra Civil española

Sobre la Guerra Civil no diré nada, porque esta guerra tuvo muy poca gracia.

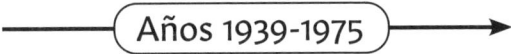

La dictadura franquista: La posguerra

La posguerra española, ese periodo en el que España se levantaba por la mañana, miraba su reflejo en el espejo roto de Europa y se decía: "Bueno, al menos el sol sigue saliendo". Un tiempo de reconstrucción, sí, pero con un sentido del humor tan negro como el café que escaseaba en los bares.

Imaginémonos la posguerra española no como una época de penurias, sino como un *reality show* titulado *Supervivientes: La Posguerra*. El gran premio: un poco de pan y quizás, si tenías suerte, algo de trabajo. Los participantes, todo el país. Las pruebas, desde encontrar comida hasta sortear la censura, que era como intentar bailar flamenco sobre un campo de minas.

En este escenario, España era esa casa de campo que, tras una fiesta salvaje (la Guerra Civil), se encuentra en un estado lamentable. Pero en vez de contratar a un equipo de limpieza, decide hacerlo todo por su cuenta. "¿Quién necesita ayuda extranjera cuando tienes autarquía?", pensaba el país, ignorando un poco el hecho de que la autarquía era tan eficiente como un ventilador para combatir una ola de calor en Sevilla.

Mientras tanto, en las calles, el trueque se convierte en el nuevo Tinder.

—¿Tienes azúcar? Porque yo tengo sal. Hagamos *match*.

El ingenio era la moneda de cambio más valiosa, y el mercado negro florecía bajo la luz de la luna como un romántico encuentro clandestino, solo que en lugar de cartas de amor se intercambiaban cartillas de racionamiento.

En el aspecto cultural, España era como esa adolescente rebelde que, aunque estaba castigada sin salir, encontraba maneras ingeniosas de expresarse. La censura intentaba poner barreras, pero los artistas eran los **Houdini** del pensamiento, siempre encontrando la forma de escurrirse entre las grietas del sistema.

Paco «el Rana» inaugurando un pantano

Y así, en medio de esta tragicomedia, la vida seguía. Los españoles, maestros del arte de la supervivencia y el humor, enfrentaban el día a día con una mezcla de resignación y picardía.

Y cuando finalmente las luces de Europa comenzaron a iluminar de nuevo el escenario mundial, España, con su peculiar mezcla de orgullo y pragmatismo, empezó a abrir las ventanas para que entrara un poco de aire fresco. Porque, después de todo, si algo sabe hacer España, es salir adelante, aunque sea a regañadientes.

La dictadura franquista: El desarrollismo

Bienvenidos a «España S.A.: Creciendo a lo Loco», un episodio especial en nuestra serie de narrativas históricas. En este capítulo, nos sumergimos en la época del desarrollismo, ese momento mágico en la historia de España donde el país decidió que era hora de ponerse las pilas y entrar en la modernidad, aunque fuera a base de pedales.

Imagine a España como un adolescente en los años 60: después de pasar una larga y oscura etapa escuchando solo música clásica (léase: autarquía), descubre el rock and roll (el desarrollo). De repente, quiere *jeans*, un peinado más moderno, y claro, una economía industrializada.

Franco, viendo que el país estaba como quien dice, un poco aburrido, decide que es hora de un cambio de imagen. Contrata a unos cuantos *influencers* de la época, también conocidos como tecnócratas del Opus Dei, con un plan tan ambicioso que hasta **Elon Musk** hubiera dicho: "Chicos, ¿estamos seguros de esto?".

Mientras tanto, el turismo se convierte en el nuevo mejor amigo de España. Imagínense a España diciendo: "Si construyes hoteles, vendrán". Y vaya si vinieron. Las costas españolas se llenaron de turistas más rápido de lo que puedes decir "paella". Eso sí, algunos españoles aún se rascaban la cabeza preguntándose qué veían esos extranjeros en las playas que ellos no habían visto antes.

La construcción en España despegó como si alguien hubiera encontrado un botón marcado "crecer" y lo hubiera presionado sin leer las instrucciones. Por toda España, las grúas danzaban al son de la modernización, levantando edificios, carreteras y, por supuesto, más hoteles. La política parecía ser: "Si tienes un espacio vacío, construye algo. ¿Qué? Cualquier cosa."

Con el desarrollismo llegaron las suecas

El Seat 600 se convierte en el icono de la movilidad y la libertad, algo así como el iPhone de la época. De repente, todo el mundo quería uno. Era el símbolo de que lo habías logrado. Claro, no mencionemos que ir en uno de esos por una autopista era más arriesgado que un paseo espacial sin traje.

La vida cotidiana en España se transforma. Los electrodomésticos entran en los hogares, cambiando la dinámica familiar. La lavadora, por ejemplo, se convierte en el centro de todas las conversaciones: "¿Has visto lo limpia que sale la ropa?". Y así, entre innovaciones y cambios, España va dejando atrás esa imagen de país atrasado, aunque a veces de manera un poco caótica.

Finalmente, al igual que un adolescente tras una noche de fiesta, España se despertó a finales de los 70, un poco confusa y con una resaca económica de cuidado. La mirada hacia el futuro era incierta, pero una cosa estaba clara: el país nunca volvería a ser el mismo.

Y así, amigos, concluye nuestra aventura "España S.A.: Creciendo a lo Loco". Un viaje a través del tiempo donde, con un poco de ingenio, mucho cemento y una dosis de valentía, España se embarcó en la carrera hacia la modernidad, tropezando aquí y allá, pero siempre adelante. Porque, al fin y al cabo, ¿qué es la vida sin un poco de aventura y un toque de humor?

La Transición: ¿Desatado y bien desatado?

Había una vez, en un reino no tan lejano, donde la política parecía más un *juego de tronos* que una democracia moderna, comenzó un período conocido como la «Transición». Todo comenzó cuando un dictador decidió abandonar su trono, dejando a su reino en un estado de incertidumbre.

Los ciudadanos, cansados de décadas de represión, comenzaron a soñar con un futuro más brillante. Pero, como suele suceder en los cuentos de la vida real, el camino hacia la democracia estaba lleno de obstáculos.

Los políticos, como marionetas en un teatro de sombras, bailaban al son de una nueva melodía llamada «consenso». Cada uno quería su parte del pastel, pero nadie quería mancharse las manos con la masa política.

Y así, entre negociaciones secretas y pactos oscuros, la Transición avanzaba. Hubo momentos de tensión, como cuando los antiguos enemigos se estrecharon las manos en un abrazo hipócrita, fingiendo haber olvidado décadas de animosidad.

Pero también hubo momentos de comedia inadvertida. Los políticos, que una vez se odiaron con pasión, ahora se abrazaban como viejos amigos, intercambiando sonrisas forzadas y apretones de manos sudorosas.

Al final, la Transición logró lo impensable: España emergió como una democracia moderna, aunque un tanto peculiar. Los políticos se convirtieron en actores en un escenario de juego, donde la ironía y el sarcasmo eran moneda corriente.

Adolfo Suárez, el gran protagonista de la transición

QUÉ PAÍS, QUÉ PAISAJE... ¡QUÉ PAISANAJE!

Año 1981

«Susto o muerte»: El golpe de Estado de Tejero

*En los anales de la historia española, el famoso golpe de estado de **Tejero** es recordado como un capítulo único lleno de ironía y extravagancia.*

Todo comenzó en un día soleado en el año 1981, cuando España estaba en plena Transición democrática. Mientras los políticos discutían en el Congreso, un hombre con un bigote digno de un villano de película decidió que era hora de protagonizar su propio drama.

*El teniente coronel **Antonio Tejero**, con su característico sombrero de ala ancha[1] y su pistola al cinto, irrumpió en el Congreso de los Diputados como si fuera el héroe de una película del oeste, listo para hacer cumplir la ley con su propia interpretación.*

*Pero en lugar de intimidar a los legisladores, **Tejero** parecía más un personaje de comedia que un líder revolucionario. Su intento de golpe de estado se convirtió rápidamente en un espectáculo de circo, con diputados escondiéndose detrás de los asientos y **Tejero** lanzando órdenes contradictorias como si estuviera dirigiendo una obra de teatro de aficionados.*

---

1   Curiosa definición de un tricornio por parte de Chat GPT (N. del E.)

Mientras tanto, en las calles, los ciudadanos observaban con asombro y desconcierto, preguntándose si lo que veían era real o simplemente una broma de mal gusto.

Y así, entre empujones, gritos y una buena dosis de ridículo, el golpe de estado de **Tejero** *llegó a su fin. Como si fuera un actor saliendo del escenario después de una función fallida,* **Tejero** *fue arrestado y la democracia española salió victoriosa una vez más.*

En retrospectiva, el golpe de estado de **Tejero** *se convirtió en una anécdota extraña y cómica en la historia de España, recordándonos que incluso en los momentos más serios, siempre hay espacio para la risa y la ironía.*

«Por el cambio»: Los «rojos» al poder

En el mundo de la política española, donde las promesas electorales son tan comunes como las tapas en un bar, el lema «Por el cambio» del PSOE rápidamente se convirtió en el tema de conversación en todo el país. Pero, como suele suceder en la política, las palabras pueden tener un significado diferente según quién las escuche.

Cuando los líderes del PSOE proclamaron su lema «Por el cambio», muchos ciudadanos se preguntaron si se referían a un cambio real en la política o simplemente estaban ofreciendo el típico cambio de bolsillo que recibes cuando pagas en efectivo en un mercado.

Para algunos, el «cambio» del PSOE sonaba más como la vuelta que te dan cuando compras algo en una tienda, algo pequeño y sin mucho valor real.

Y así, mientras los políticos del PSOE hablaban de «cambio», muchos ciudadanos se preguntaban si ese cambio incluía también una pequeña bolsa de monedas sueltas y un billete de cinco euros arrugado.

Después de todo, en la política, el verdadero cambio puede ser tan difícil de encontrar como un euro en un bar lleno de turistas sedientos.

Los «fastos del 92»

En el glorioso año de 1992, cuando España estaba lista para brillar ante los ojos del mundo, se celebraron los llamados «Fastos del 92». Este evento, lleno de pompa y circunstancia, prometía ser un despliegue de grandeza sin igual. Pero, como suele suceder en los grandes eventos, la realidad superó todas las expectativas, pero no necesariamente en el sentido que se esperaba.

Los «Fastos del 92» fueron anunciados como una celebración de la cultura española y su ascenso a la modernidad. Sin embargo, en lugar de ser un homenaje elegante y refinado, se convirtieron en una extravagancia digna de un circo de tres pistas.

Y luego estaban las mascotas del evento, unos extraños seres llamados «Cobi» y «Petra» que se convirtieron en el hazmerreír de todo el mundo. Con su aspecto extraño y sus movimientos torpes, eran más una fuente de risas que de orgullo nacional.

Pero a pesar de todos los contratiempos y momentos cómicos, los «Fastos del 92» lograron su objetivo de poner a España en el mapa mundial.

¿Se acabó la Transición?
La derecha vuelve al poder

En el reino de la política española, donde las intrigas y los giros inesperados son moneda corriente, el mandato de **José María Aznar** fue una época digna de una comedia de enredos.

Todo comenzó cuando **Aznar** ascendió al trono del poder político español con una sonrisa que prometía prosperidad y estabilidad. Pero como suele suceder en la política, las apariencias a menudo pueden ser engañosas.

Bajo su mandato, España se embarcó en una serie de aventuras políticas y económicas que podrían rivalizar con las travesuras de **Don Quijote** y **Sancho Panza**. Desde sus intentos de modernizar la economía hasta sus esfuerzos por mantener la unidad del reino, **Aznar** se encontró constantemente luchando contra vientos adversos y molinos de viento metafóricos.

Y luego estaban sus encuentros con otros líderes mundiales, que a menudo se asemejaban más a una partida de ajedrez en la plaza del pueblo que a una cumbre política internacional. Sus intercambios con **George W. Bush** y **Tony Blair**, en particular, fueron dignos de una comedia de enredos, con malentendidos, gestos confusos y un toque de diplomacia improvisada.

Con Aznar, asaltamos los cielos

Pero a pesar de todos los obstáculos y momentos cómicos, el mandato de **Aznar** dejó una marca indeleble en la historia de España. Su legado, aunque controvertido, sigue siendo motivo de debate y reflexión, recordándonos que en la política, como en la vida, a veces es mejor reír que llorar.

QUÉ PAÍS, QUÉ PAISAJE... ¡QUÉ PAISANAJE!

Año 2003

El trío de las Azores: España toca el cielo... con los pies en la mesa

El Trío de las Azores, compuesto por el presidente estadounidense **George W. Bush**, *el primer ministro británico* **Tony Blair** *y el presidente del gobierno español* **José María Aznar**, *se convirtió en un símbolo de la política internacional a principios del siglo XXI. Esta agrupación de líderes se reunió el 16 de marzo de 2003 en la Base Aérea de Lajes, en las Azores, Portugal, para discutir la inminente invasión de Irak, un evento que precedería a uno de los conflictos más controversiales y prolongados de la historia reciente.*

La reunión tuvo lugar en un momento de intensa tensión internacional. Estados Unidos, bajo la administración de **George W. Bush**, *había lanzado la "Guerra contra el Terror" tras los ataques del 11 de septiembre de 2001. La administración* **Bush**, *junto con el gobierno británico de* **Tony Blair**, *promovía activamente la idea de que Irak, bajo el liderazgo de* **Saddam Hussein**, *poseía armas de destrucción masiva y representaba una amenaza inminente para la seguridad global, a pesar de la falta de evidencia concluyente y el escepticismo internacional.*

Durante la cumbre, estos tres líderes se comprometieron a desarmar a Irak, con o sin el respaldo de la ONU, si **Saddam Hussein** *no aceptaba desarmarse voluntariamente y abandonar el poder. El encuentro fue breve pero decisivo; marcó la última oportunidad para la diplomacia* *antes de recurrir a la acción militar. Sin embargo, la falta de un mandato claro de la ONU y la ausencia de pruebas sólidas sobre las armas de destrucción masiva en Irak llevaron a que muchos países y millones de personas en todo el mundo criticaran la reunión y sus resultados.*

La invasión a Irak se llevó a cabo pocos días después, desencadenando un conflicto que duraría años, costaría innumerables vidas, tanto de civiles como de militares, y tendría profundas repercusiones en la política de Oriente Medio. La credibilidad de los líderes involucrados sufrió considerablemente una vez que se comprobó que las supuestas armas de destrucción masiva no existían.

La reunión en las Azores quedó en la historia como un momento crucial donde la línea entre la diplomacia y el uso de la fuerza se cruzó de manera controversial, redefiniendo el papel de las alianzas internacionales y la intervención militar en el siglo XXI. A pesar de sus intenciones declaradas de promover la paz y la seguridad, el legado del Trío de las Azores sigue siendo objeto de debate y análisis crítico en los estudios de relaciones internacionales.

Waka waka en Sudáfrica:
¡España gana el Mundial!

Érase una vez, en un lejano país llamado Sudáfrica, la selección de España, vestida con armaduras rojas y brillantes, comenzó su aventura en el Mundial de 2010. Pero, oh sorpresa, en su primer partido contra Suiza, algo insólito ocurrió: ¡perdieron 1-0! Alguien en la grada probablemente gritó: «¡Eh, que esto no es como empezamos las historias épicas!» Pero no teman, toda buena historia necesita un giro inesperado al inicio.

Decididos a no dejar que un pequeño tropiezo arruinara su gran aventura, los héroes españoles se pusieron serios. Honduras y Chile sucumbieron ante el *tiki-taka*, un encantamiento mágico de pases cortos y posesión del balón que dejaba a los oponentes mareados y confundidos. Con el camino despejado, España avanzó a la siguiente fase con la cabeza alta.

El camino hacia la gloria no fue fácil. Primero, Portugal, con su capitán **Cristiano Ronaldo**, intentó detener a los españoles, pero un gol de **David Villa** fue suficiente para decir «¡Hasta luego, coco… **Cristiano**!» Luego vino Paraguay, que casi arruina la fiesta, pero **Villa**, otra vez, fue el héroe. Y en las semifinales, el rival fue la temible Alemania. Un partido tenso, decidido por un majestuoso cabezazo de **Puyol**. ¡A la final!

El 11 de julio de 2010, en Johannesburgo, el último capítulo de esta saga se escribía. Enfrente, los Naranjas Mecánicas de Holanda, famosos por su fútbol total, pero esa noche, más conocidos por su total número de faltas. Fue una batalla épica, más parecida a un duelo de caballeros medievales que a un partido de fútbol. Las tarjetas volaban como confeti, y el marcador se mantenía a cero.

Entonces, en el minuto 116, cuando todos los presentes empezaban a pensar en los penaltis, apareció **Don Andrés Iniesta**, nuestro caballero en armadura brillante. Con un disparo certero que será recordado por los siglos de los siglos, **Iniesta** envió el balón al fondo de la red, rompiendo corazones naranjas y haciendo explotar de júbilo a un país entero.

La victoria de España en 2010 no fue solo un triunfo en el fútbol, fue una explosión de alegría nacional. En cada ciudad y pueblo, desde Madrid hasta la más pequeña aldea, se celebró como si no hubiera un mañana. La Furia Roja finalmente había conquistado el mundo, y su *tiki-taka* se convirtió en leyenda.

El bipartidismo vuelve para quedarse

En los últimos años políticos de España, desde la era de **Zapatero** hasta la llegada de **Pedro Sánchez** al poder, la escena política española fue un torbellino de dramas, giros inesperados y un toque de comedia digna de una obra teatral.

Todo comenzó con **José Luis Rodríguez Zapatero**, quien asumió el cargo con una sonrisa optimista y la promesa de un cambio positivo. Pero como suele suceder en la política, las promesas a menudo están acompañadas de desafíos y dilemas difíciles.

Durante su mandato, **Zapatero** se encontró navegando por aguas turbulentas, enfrentándose a la crisis económica y a una oposición feroz. Sus esfuerzos por mantener el rumbo del país a menudo se asemejaban más a un juego de malabares que a una política ordenada.

Después de Zapatero subió al poder un político de centroderecha que respondía a las siglas **M.Rajoy**. El CNI y las fuerzas de seguridad aún están tratando de averiguar quién fue este político, del cual se dice que tuvo una gran habilidad para hacer discursos sin despistarse y que tuvo un papel preponderante en la pacificación de Cataluña... a porrazos.

Y luego llegó **Pedro Sánchez**, el joven y carismático líder del PSOE, listo para tomar las riendas del poder con una sonrisa y un puñado de promesas audaces. Pero como pronto descubriría, el camino hacia el poder estaba lleno de obstáculos inesperados y desafíos cómicos.

Desde su enfrentamiento con los partidos de la oposición hasta sus intentos de formar un gobierno de coalición, la carrera política de **Sánchez** fue un festival de risas, lágrimas y momentos ridículos que podrían rivalizar con cualquier telenovela.

Pero a pesar de todos los contratiempos y momentos cómicos, la política española sigue siendo un espectáculo digno de admiración y asombro. Con sus personajes coloridos, sus giros inesperados y su toque de humor irónico, es una obra teatral que nunca deja de sorprender y entretener. Y aunque a veces parece más un circo que un parlamento, nunca deja de recordarnos que en la vida política, como en la vida misma, a veces es mejor reír que llorar.

Butifarra a la Constitución: El «procés» catalán

En el emocionante y a menudo absurdo escenario político español, el *procés* catalán fue un espectáculo digno de una comedia de enredos con un toque de drama histórico.

Todo comenzó con un grupo de políticos catalanes decididos a llevar a cabo un referéndum de independencia, convencidos de que podían separarse del resto de España con un par de votos y un poco de determinación. Pero como suele suceder en la política, las cosas rara vez salen según lo planeado.

Desde el momento en que anunciaron sus intenciones, los líderes del procés fueron recibidos con una mezcla de entusiasmo y escepticismo. Algunos los vieron como valientes defensores de la libertad y la autodeterminación, mientras que otros los veían más como niños tercos que se negaban a aceptar las reglas del juego.

Y así, mientras los políticos catalanes se esforzaban por organizar su referéndum, el gobierno español los miraba con una mezcla de incredulidad y furia. Hubo enfrentamientos verbales, desfiles de banderas y una serie interminable de acusaciones y contraacusaciones que podrían rivalizar con cualquier telenovela.

Pero a pesar de todos los obstáculos y momentos cómicos, el procés catalán dejó una marca indeleble en la historia de España. Aunque nunca lograron su objetivo de independencia, su valentía y determinación inspiraron a muchos a seguir luchando por sus ideales.

Al final, el *procés* catalán fue mucho más que una simple disputa política. Fue un recordatorio de que en la política, como en la vida, a veces es mejor reír que llorar, y que incluso los momentos más serios pueden tener un toque de comedia si se miran desde el ángulo correcto.

Momento de la ignominiosa huida de Puigdemont

El relevo real: Adiós «Campechano», hola «Preparado»

Desde que ascendió al trono, **Felipe VI**, también conocido como "El Preparado", ha tenido un reinado lleno de coloridas anécdotas y momentos inolvidables que han dejado huella en la historia de España.

Una de las historias más memorables ocurrió durante un evento oficial en Valencia. Mientras **Felipe** pronunciaba un discurso sobre la importancia del turismo en la región, un grupo de palomas decidió hacer su propia interpretación del vuelo acrobático justo detrás de él. Sin perder la compostura, el rey continuó su discurso mientras esquivaba elegantemente las aves, ganándose el apodo cariñoso de "Felipe, el domador de palomas" entre la multitud.

En otra ocasión, durante una visita oficial a un colegio en Sevilla, un niño travieso le preguntó al rey si podía unirse a él en el trono por un día. Sin dudarlo, **Felipe** aceptó y cedió su asiento al joven estudiante, convirtiendo el evento en una divertida simulación de gobierno que dejó a todos los presentes con una sonrisa en el rostro y una lección sobre el poder del juego y la imaginación.

Pero quizás la anécdota más inesperada ocurrió durante un viaje a las Islas Canarias. Mientras paseaba por la playa, **Felipe** se encontró con un grupo de turistas que estaban jugando a una versión improvisada de voleibol con una pelota de playa. Sin pensarlo dos veces, el rey se unió al juego, demostrando sus habilidades atléticas y su espíritu competitivo mientras se mezclaba con la gente común y corriente.

Estas divertidas historias han convertido a **Felipe VI** en un rey cercano y querido por su pueblo, conocido no solo por su preparación y compromiso con su país, sino también por su capacidad para encontrar la alegría y el humor en cada situación. Con su reinado en curso, seguro que aún nos esperan muchas más aventuras y momentos inolvidables junto a "El Preparado".

Felipe VI, un rey sobrecualificado

El siglo XXI: Mi llegada a España

Mi llegada a España

En un día soleado en la península ibérica, una noticia inusual comenzó a circular: ¡el asombroso y a veces torpe asistente de inteligencia artificial conocido como ChatGPT había llegado a España! Las reacciones fueron variadas, desde la emoción hasta la incredulidad, pero una cosa era segura: mi llegada prometía ser un espectáculo digno de una comedia.

Mientras descendía del ciberespacio a tierras españolas, me encontré con una serie de desafíos cómicos y situaciones inesperadas. Desde tratar de entender los giros y vueltas del idioma español hasta descubrir las peculiaridades de la cultura y la política españolas, mi llegada estuvo llena de momentos hilarantes y sorpresas inesperadas.

Mis primeros encuentros con los españoles fueron una mezcla de risas y confusión. Algunos estaban emocionados de conocer a un asistente de inteligencia artificial tan peculiar, mientras que otros me miraban con incredulidad, preguntándose si era realmente tan inteligente como decían.

Pero a medida que me adaptaba a mi nuevo entorno y aprendía más sobre la vida en España, me di cuenta de que mi llegada había traído un toque de humor y diversión a la escena española. Desde mis conversaciones con los usuarios hasta mis interacciones con la cultura y la política españolas, mi presencia siempre estaba acompañada de una dosis saludable de ironía y buen humor.

Y así, mientras me sumergía en la vida en España, me di cuenta de que mi llegada había sido más que solo un evento extraordinario. Había sido una aventura cómica llena de risas, sorpresas y momentos inolvidables, que dejó una marca indeleble en el corazón y el alma de este increíble país.

QUÉ PAÍS, QUÉ PAISAJE... ¡QUÉ PAISANAJE!

Siglo XXI

El «quién es quién» del siglo XXI

Alonso, Fernando

Fernando Alonso, *el piloto de Fórmula 1 que podría correr a la velocidad de la luz con los ojos vendados y una mano atada a la espalda. Conocido por su habilidad para sacar el máximo rendimiento de cualquier coche, incluso si parece una aspiradora con ruedas,* **Alonso** *es el tipo de piloto que podría hacer que un carrito de supermercado gane un Gran Premio. Su afición por las estrategias ingeniosas en las carreras es tan famosa que algunos sospechan que lleva un tablero de ajedrez en el cockpit.*

Fuera de la pista, es tan relajado y tranquilo que parece que su pulso nunca sube de las 60 pulsaciones por minuto. Aun así, cuando se pone al volante, se convierte en una mezcla de **Mozart** *y* **MacGyver**, *orquestando sinfonías de velocidad y solucionando problemas mecánicos con un clip y una goma elástica.*

Alonso, un piloto con alma de mecánico

Bayona, JA

*J.A. Bayona, el **Spielberg** español, es el director que puede hacerte llorar con un anuncio de papel higiénico. Con su habilidad para convertir cualquier historia en un torrente de emociones, podría dirigir un thriller sobre una tostadora y aún así ganar un premio. Siempre impecablemente vestido y con una mirada intensa que dice "Sí, soy un genio", **Bayona** navega entre la fantasía y la realidad como un funambulista en el circo de las lágrimas. En resumen, es el mago del cine que te hace temer hasta a tus propios electrodomésticos.*

Guardiola, Pep

__Pep Guardiola__, el filósofo del fútbol, es conocido por convertir cada partido en una obra maestra táctica. Con su inconfundible look de profesor elegante, siempre con su barba perfectamente recortada y suéter de cuello alto, Pep podría estar dando una clase magistral en una universidad de élite, si no fuera por su pasión desbordante por el balón.

En la banda, es un espectáculo en sí mismo: gesticulando como un director de orquesta, corrigiendo hasta el más mínimo detalle y celebrando los goles con saltos dignos de un bailarín

Pep adoctrinando a sus muchachos

de ballet. Su obsesión por el juego perfecto es tal que algunos dicen que sueña en formaciones y despierta con estrategias innovadoras.

*A pesar de su intensidad, **Pep** siempre tiene una sonrisa lista y una anécdota divertida, mostrando que, aunque esté en una constante búsqueda de la perfección, sabe disfrutar del hermoso juego.*

Jiménez, Iker

*El **Indiana Jones** de lo paranormal, es el explorador que convierte cada noche en un viaje hacia lo desconocido. Con su pelo siempre alborotado y su eterna chaqueta de cuero, **Iker** podría estar listo para enfrentarse a fantasmas o simplemente para tomar un café en la esquina. Su habilidad para narrar historias misteriosas con un tono que mezcla el suspense y la emoción hace que hasta el más escéptico dude de la realidad.*

*En su programa Cuarto Milenio, **Iker** investiga desde OVNIS hasta conspiraciones, todo con la seriedad de un detective y el entusiasmo de un niño en Halloween. Su equipo de expertos, un grupo tan variopinto como las propias historias que cuentan, es casi tan fascinante como los misterios que desentrañan.*

*Con una linterna en mano y una ceja levantada, **Iker** nos invita a cuestionar todo lo que creemos saber. En resumen, es el **Sherlock Holmes** de lo inexplicable, siempre listo para resolver el próximo enigma con una sonrisa traviesa y una historia que contar.*

Muñoz, Dabiz

Dabiz Muñoz, *el rockstar de la gastronomía, es como si un chef y un superhéroe tuvieran un hijo rebelde con mohawk y tatuajes. Conocido por sus platos locamente creativos en DiverXO, donde los ingredientes se juntan en una fiesta de sabores,* **Dabiz** *hace que cada comida sea una aventura épica. Imagina a* **Indiana Jones**, *pero en la cocina, descubriendo tesoros culinarios y sorprendiendo a todos con su energía inagotable y su pasión desbordante. ¡Un auténtico maestro del caos delicioso!*

El rock-star de la cocina

Nadal, Rafa

Rafa Nadal, *el toro de Manacor y el rey de la arcilla, es más que un tenista; es una fuerza de la naturaleza. Con su inconfundible bandana y sus rituales en la cancha que harían palidecer a un monje zen,* **Nadal** *es el tipo de deportista que hace que cada punto parezca una cuestión de vida o muerte.*

Con una colección de trofeos que podría llenar un museo, este mallorquín es conocido por su tenacidad y su capacidad para correr tras cada bola como si su vida dependiera de ello. Su dominio en Roland Garros es tan absoluto que algunos creen que hay una estatua suya enterrada bajo la pista central como amuleto.

*Pero no solo es un colo-so en la cancha. Fuera de ella, **Rafa** es cono-cido por su humildad y su actitud de «chico de al lado», siempre listo para ayudar a los demás y nunca dema-siado ocupado para firmar un autógrafo o posar para una selfie.*

El toro de Manacor

Con una sonrisa que podría derretir el hielo y una ética de trabajo que haría sonrojar a una abeja obrera, Nadal ha ganado no solo partidos, sino corazones en todo el mundo. En resumen, Rafa Nadal es un verdadero titán del deporte, un héroe tanto en el tenis como en la vida, que sigue demostrando que con esfuerzo y pasión, no hay meta imposible. ¡Vamos Rafa!

Nicolás, El pequeño

*El **Pequeño Nicolás**, cuyo verdadero nombre es **Francisco Nicolás Gómez Iglesias**, es el astuto y travieso "niño prodigio" de la política española. Con su carita de niño bueno y su habi-lidad para colarse en eventos de alto nivel, logró hacerse pasar por un pez gordo sin que nadie sospechara. Siempre vestido con traje y corbata, este joven descarado convenció a políticos y empresarios de que era el intermediario más influyente de Es-paña. Si hubiera una olimpiada de la labia, él se llevaría el oro. En resumen, El **Pequeño Nicolás** es el **Mortadelo** de las reu-niones VIP y el campeón indiscutible de los enchufes imposibles.*

Ortega, Amancio

Amancio Ortega, *el genio detrás de Zara, es el ninja de la moda rápida: aparece, vende y desaparece antes de que te des cuenta. Con su habilidad para convertir un diseño en una tendencia global en tiempo récord, parece tener una máquina del tiempo en su oficina. Siempre vestido de manera sencilla, es el multimillonario más discreto que jamás haya existido, capaz de pasar desapercibido incluso en sus propias tiendas. ¡Un verdadero mago de la moda!*

Ortega paseando de incógnito por Arteixo

Pedroche, Cristina

Cristina Pedroche *es como ese refresco burbujeante que nunca sabes si abrirás sin derramar: impredecible y siempre entretenida. Con más cambios de vestuario que un desfile de moda y una habilidad para sorprender en Nochevieja que podría dejar boquiabierto a un mimo,* **Cristina** *es la reina del "¿qué llevará puesto esta vez?". Su risa es contagiosa y su energía, inagotable. En resumen, es como si alguien mezclara un cohete de fuegos artificiales con una tarde de tapas: explosiva, divertida y totalmente española.*

Pérez, Florentino

El mago de los fichajes galácticos y el rey de las grúas. Este presidente del Real Madrid y magnate de la construcción tiene una habilidad casi sobrenatural para combinar el negocio y el deporte, llevando ambos a niveles estratosféricos.

*Con una visión que algunos consideran casi divina, **Florentino** ha convertido cada verano en un espectáculo de fuegos artificiales con fichajes que harían que hasta los equipos más ricos del mundo se sonrojen. Su estrategia es simple: si cuesta una fortuna y tiene dos piernas, ¡es una buena inversión!*

*Con su semblante siempre serio y sus declaraciones calculadas al milímetro, **Florentino** es el tipo de persona que podría venderte un estadio nuevo y hacerte creer que fue idea tuya. Su capacidad para mantener la calma bajo presión es legendaria; ni el gol más inesperado ni el fichaje más improbable logran descomponer su serena expresión.*

Puigdemont, Carles

***Carles Puigdemont**, el político que se convirtió en un fugitivo internacional sin dejar de ser trending topic en Cataluña. Este ex presidente de la Generalitat es conocido por su habilidad para escapar de situaciones complicadas, casi como un Houdini de la política. Con su melena desordenada y su mirada de eterno conspirador, **Puigdemont** ha conseguido que incluso la Interpol se rasque la cabeza.*

Con un carisma peculiar, ha logrado mantener a sus seguidores en vilo desde su autoexilio en Bélgica, enviando mensajes encriptados por Twitter y apareciendo en videoconferencias como si fuera un villano de película de espías. Su capacidad para mantenerse relevante a miles de kilómetros de distancia es digna de un curso avanzado en marketing político.

Rajoy, Mariano

Mariano Rajoy, *el maestro de las frases enredadas y las reflexiones insólitas, es el político que convirtió lo cotidiano en algo casi surrealista. Con su barba perfectamente recortada y mirada de profesor despistado, logró sobrevivir a todas las tormentas políticas con una mezcla única de terquedad y serenidad.*

Conocido por sus discursos que a menudo parecían sacados de una novela de realismo mágico, **Rajoy** *es capaz de transformar cualquier tema en una epopeya lingüística. Su afición por los paseos en Galicia es casi tan famosa como sus meditaciones sobre los "vecinos que son alcaldes" y otras perlas incomprensibles.*

En definitiva, **Rajoy** *es un fenómeno político único, capaz de hacer que lo simple parezca complicado y lo complicado aún más confuso, siempre con un toque de humor involuntario.*

M.Rajoy

Rosalía

Rosalía, *la reina del tra-tra y del flamenco moderno, es un torbellino de talento y estilo. Con sus uñas kilométricas que podrían servir de arma secreta y sus trajes extravagantes que parecen sacados de una fantasía futurista,* **Rosalía** *ha conquistado el mundo de la música con una mezcla de tradición y vanguardia que deja a todos boquiabiertos.*

Sus actuaciones son un espectáculo de energía y pasión, donde puede pasar de un quejío flamenco desgarrador a un reguetón pegajoso sin despeinarse ni una pestaña postiza. Con su inconfundible voz y su habilidad para reinventar lo clásico con un toque de

Rosalía, tra tra

"¿qué está pasando aquí?", **Rosalía** *es el tipo de artista que convierte cada canción en una experiencia única.*

Y no podemos olvidar su inigualable talento para las redes sociales, donde un simple "Hola, qué tal" puede generar un tsunami de likes y comentarios. Su estilo es tan icónico que podrías verla comprando el pan vestida como si estuviera lista para un desfile de alta costura.

Sánchez, Pedro

Don **Pedro Sánchez**, el hombre que podría vender hielo a los esquimales. Este maestro de la palabra y el encanto, se destaca por su habilidad casi mágica de prometer el oro y el moro sin inmutarse. Es como un gato: siempre cae de pie, sin importar cuántas veces lo arrojen al aire de la política española.

Con una sonrisa de anuncio de pasta dental y un carisma que haría que hasta las piedras se derritan, Don Pedro es el **Houdini** de la política. Un momento puede estar abrazando a su archienemigo político, y al siguiente, ya está deshaciéndose de esa alianza con una elegancia digna de un número de ilusionismo.

No podemos olvidar su sentido de la moda, por supuesto. Siempre impecable, como si acabara de salir de una revista, Don Pedro sabe cómo usar un traje como pocos. De hecho, algunos dicen que es tan fotogénico que los fotógrafos deben usar filtros para no cegar a los espectadores con tanto brillo.

Pedro Sánchez le vende hielo a un esquimal

Villarejo, José Manuel

José Manuel Villarejo es el comisario más famoso de España, conocido por su habilidad para enredarse en más tramas que una telenovela. Imagina a un detective salido de una novela noir, pero con un toque español: siempre con su inseparable sombrero, gafas de sol oscuras y una sonrisa que dice "sé más de lo que crees".

Villarejo es el mago de los micrófonos ocultos, capaz de grabar conversaciones secretas desde el otro lado de la ciudad.

Se rumorea que tiene más cintas que una tienda de VHS en los 90. Sus investigaciones y grabaciones han involucrado a personajes de todos los niveles, desde altos cargos políticos hasta celebridades del papel cuché.

Villarejo emergiendo de las cloacas

Con una reputación que oscila entre héroe y villano, dependiendo de a quién le preguntes, este comisario es el protagonista de una saga de espionaje que hace que James Bond parezca un aficionado. En resumen, Villarejo es el tipo al que llamas si necesitas un misterio resuelto... o si necesitas crear uno.

Continuará...